RECUEIL DES PIECES

RELATIVES

A LA PROCÉDURE ET AU JUGEMENT

DE

SOLÉYMAN EL-HHALEBY,

ASSASSIN

DU GÉNÉRAL EN CHEF

KLEBER.

AU KAIRE,

DE L'IMPRIMERIE NATIONALE.

AN VIII DE LA REPUBLIQUE FRANÇAISE.

RECUEIL DES PIÈCES

Relatives à la Procédure et au Jugement de SOLEYMAN EL-HHALEBY, *assassin du* GÉNÉRAL EN CHEF KLEBER.

PROCÈS-VERBAL

De la visite du cadavre du Général en Chef KLEBER.

LE vingt-cinquième jour de prairial, l'an huit de la République, nous soussignés, médecin en chef, et chirurgien de première classe, faisant par *interim* fonction de chirurgien en chef, appelés vers les deux heures au quartier-général, place Ezbékyéh, au Kaire, par la générale qui battait, et la rumeur publique qui annonçait que le Général en Chef KLEBER venait d'être assasiné, nous l'avons trouvé venant de rendre le dernier soupir. Un examen attentif a prouvé qu'il avait été frappé d'un instrument aigu et tranchant; il avait reçu quatre blessures : la première, à la partie supérieure de l'hypocondre droit, et pénétrant dans l'oreillette droite du cœur; la seconde, cinq travers de doigt au dessous de la première, et donnant issue à une portion de l'épiploon; la troisième, à l'avant-bras gauche, pénétrant d'une part à l'autre entre le radius et le cubitus; la quatrième, à la partie moyenne et externe de la cuisse droite. De quoi nous avons dressé procès-verbal, en présence de l'ordonnateur des guerres Sartelon qui a signé avec nous, pour remise dudit acte être faite au général chef de l'Etat-major général.

Au Quartier-général du Kaire, l'an et jour ci-dessus, à trois heures après midi.

Signés *R. Desgenettes*, *Casabianca* et *Sartelon*.

Procès-verbal sur les blessures du citoyen PROTAIN.

Cejourd'hui vingt-cinq prairial an huit de la République, à trois heures après midi, nous soussignés, médecin en chef, et chirurgien de première classe, faisant par *interim* fonction de chirurgien en chef, avons, sur la requisition verbale de l'ordonnateur des guerres Sartelon, dressé procès-verbal de l'état des blessures du citoyen Protain, architecte et membre de l'Institut d'Egypte, assassiné aux côtés du Général en Chef KLEBER, et en lui portant du secours. Nous l'avons trouvé dans un des appartemens de l'Etat-major général, frappé de six blessures, faites par un instrument aigu et tranchant; savoir: la première, à la région temporale gauche, a déchiré la peau, les parties charnues, et coupé la branche antérieure de l'artère temporale; la seconde a écarté du reste du métacarpe celui de ses os qui correspond au petit doigt; la troisième est à la partie postérieure et gauche du thorax entre la sixième et la septième des vraies côtes; la quatrième est dans la région lombaire gauche; la cinquième sur l'angle gauche de la mâchoire; la sixième a sillonné peu profondément le muscle pectoral gauche. En foi de quoi nous avons signé avec ledit commissaire ordonnateur.

Au Quartier-général du Kaire, l'an, jour et heure ci-dessus.

Signés *R. Desgenettes*, *Casabianca* et *Sartelon*.

Premier interrogatoire de SOLEYMAN EL-HHALEBY.

Aujourd'hui vingt-cinq prairial an huit de la République Française, dans la maison du général de division Damas, chef de l'Etat-major général, a été conduit par un sous-officier des guides, un homme du pays, prévenu d'avoir assassiné le Général en Chef KLÉBER; lequel accusé a été reconnu par le citoyen Protain, ingénieur, qui était avec le Général, lors dudit assassinat, et qui a reçu lui-même plusieurs coups de poignard, ledit accusé ayant d'ailleurs été remarqué à la suite du Général depuis Gyzéh, et ayant été trouvé caché dans le jardin où s'est commis ledit assassinat, dans lequel jardin on a aussi trouvé, à la même place où il a été pris, le poignard duquel le Général a été blessé, et divers haillons appartenans audit prévenu.

De suite il a été procédé à son interrogatoire par le général de division Menou, le plus ancien de grade de l'armée, commandant au Kaire; lequel interrogatoire a été fait par l'entremise du citoyen Bracewich, premier secretaire interprète de l'Etat-major, et rédigé comme il suit par le commissaire ordonnateur Sartelon, requis à cet effet par le général Menou.

Ledit prévenu interrogé de son nom, âge, domicile et profession, a répondu s'appeler Soleyman, natif de la Syrie, âgé de vingt-quatre ans, être écrivain arabe de profession, et avoir été ci-devant domicilié à Hhaleb (Alep).

Interrogé combien il y a de temps qu'il est au Kaire.

A répondu qu'il y est depuis cinq mois, et qu'il y est venu avec une caravane dont le conducteur est le cheykh arabe Soleymân Bourygy.

Interrogé de quelle religion il est.

A répondu être de la religion musulmane, avoir demeuré

déjà trois ans au Kaire, et trois autres années à la Mekke et à Médine.

Interrogé s'il connaît le grand Visir, et s'il l'a vu depuis quelque temps.

Répondu qu'un arabe comme lui ne connaît point le grand Visir.

Interrogé quelles sont ses connaissances au Kaire.

Répond qu'il n'en a point, mais qu'il se tient souvent près de la grande mosquée dite *gamè él-ázhar*, qu'il est connu de tout le monde, et que beaucoup de gens rendront compte de sa bonne conduite.

Interrogé s'il est allé ce matin à Gyzéh.

Répondu que oui, qu'il cherchait de l'emploi pour écrire, mais qu'il n'en a point trouvé.

Interrogé quelles sont les personnes pour lesquelles il a écrit le jour précédent.

Répond qu'elles sont toutes parties.

Interrogé comment il est possible qu'il ne connaisse aucun de ceux pour lesquels il a écrit ces jours passés, et qu'ils soient tous partis.

Répond qu'il ne connaissait pas ceux pour qui il écrivait, est qu'il est impossible de se rappeler leurs noms.

Interrogé quel est le dernier pour lequel il a écrit.

Répond qu'il s'appelle Mohhammed moghreby es-Souéys, vendeur d'eau de reglisse, mais qu'il n'a écrit pour persome à Gyzéh.

Interrogé de nouveau sur ce qu'il allait faire à Gyzéh.

Répond toujours qu'il y allait pour demander à y être employé en sa qualité d'écrivain.

Interrogé comment il a été pris dans le jardin du Général en Chef.

Répond qu'il n'a pas été pris dans le jardin, mais dans le grand chemin.

A lui représenté qu'il ne dit pas la verité, puisque les guides du Général l'ont pris dans son jardin où il était caché, et ont même trouvé un poignard qui lui a été exhibé.

Répond qu'il est vrai qu'il était dans le jardin, mais qu'il n'y était pas caché; qu'il s'y était assis, parce que des cavaliers gardaient toutes les avenues, et qu'il ne pouvait pas aller au Kaire; qu'il n'avait point de poignard, et qu'il ignore s'il y en avait dans le jardin.

Interrogé pourquoi il suivait depuis le matin le Général en Chef.

Répond que c'était pour avoir le plaisir de le voir.

Interrogé s'il reconnaît une lisière de drap verd qui semble faire partie d'une semblable qu'il a sur lui, et qui a été trouvée dans le jardin à l'endroit où le Général en Chef a été assassiné.

Répond que cela ne lui appartient point.

Interrogé s'il a parlé à quelqu'un à Gyzéh, et où est ce qu'il a couché.

Répond qu'il n'a parlé à personne que pour acheter divers objets, et qu'il a couché à Gyzéh dans une mosquée.

A lui représenté que les blessures qu'il a à la tête prouvent que c'est lui qui a assassiné le Général, puisque le citoyen Protain qui était avec lui, et qui le reconnaît, lui a donné des coups de bâton qui l'ont blessé.

Repond qu'il n'a été blessé que lorsqu'il a été pris.

Interrogé s'il n'a pas parlé ce matin à Housseyn kachef, et à ses mamlouks.

Répond qu'il ne les a pas vus, et qu'il ne leur a pas parlé.

L'accusé persistant dans ses dénégations, le Général a ordonné qu'il reçût la bastonnade suivant l'usage du pays : elle lui a été infligée de suite, jusqu'à, ce qu'il ait déclaré qu'il était prêt à dire la vérité; il a été délié et interrogé de nouveau de la manière qui suit :

Interrogé depuis quand il est au Kaire.

Répond qu'il y est depuis trente-un jours, et qu'il est venu de Gaza en six journées sur un dromadaire.

Interrogé pourquoi il est venu.

Répond qu'il est venu pour assassiner le Général en Chef.

Interrogé par qui il a été envoyé pour commettre ledit assassinat.

Répond qu'il a été envoyé par l'agha des janissaires; qu'au retour de l'Egypte les troupes musulmanes ont demandé à Alep quelqu'un qui pût assassiner le Général en Chef de l'armée française ; qu'on a promis de l'argent et des grades militaires, et qu'il s'est présenté pour cette objet.

Interrogé quelles sont les personnes auxquelles il a été adressé en Egypte ; s'il a fait part à quelqu'un de son projet, et ce qu'il a fait depuis son arrivée au Kaire.

Répond qu'il n'a été adressé à personne, et qu'il est allé s'établir à la grande mosquée ; qu'il a vu les chefs de la loi Seyd Mohhammed el-A'desy, Seyd Ahhmed el-Oualy, A'bd-allah el-Ghazzy et Seyd A'bd-el-Qadyr el-Ghazzy, qui logent dans ladite mosquée ; qu'ils lui ont conseillé de ne pas exécuter son projet, parce que cela serait impossible, et qu'il serait tué ; qu'on aurait pu charger d'autres que lui de cette mission ; qu'ils les a entretenus tous les jours de son dessein, et qu'hier enfin il leur a dit qu'il voulait terminer cela et assassiner le Général ; qu'il est allé à Gyzéh, pour voir s'il pourrait réussir ; qu'il s'est adressé aux matelots de la cange du Général, pour savoir s'il sortait ; qu'on lui a demandé ce qu'il voulait, et qu'ayant répondu qu'il desirait lui parler, ils lui ont dit qu'il allait tous les soirs dans le jardin ; que ce matin il a vu le Général aller au Méqyas et au Kaire, et qu'il l'a suivi jusqu'à ce qu'il l'ait assassiné.

Le présent interrogatoire fait par le Général Menou, en présence

présence des généraux de l'armée, des officiers de l'Etat-major, et des corps assemblés à l'Etat-major général, a été clos et signé par le Général MENOU et le commissaire ordonnateur Sartelon, sousignés les jour, mois et an, que des autres parts; l'accusé, après lecture, a pareillement signé. Signature de l'accusé en lettres arabes. Le Général de division *Menou*, le général de division *Friant*, le général de division *Reynier*, le général de division *Damas*, l'adjudant général *Valentin*, l'adjudant général *Morand*, l'adjudant général *Martinet*, *Leroy*, *Sartelon*, *Baptiste Santi Lhomaca*, drogman; *Jean Renno*, interprète du Général en Chef; *Damien Bracewich*.

Interrogatoire des trois Cheykhs accusés.

Cejourd'hui vingt-cinq prairial an huit de la République Française, à huit heures du soir, ont été conduits dans la maison du Général MENOU, commandant l'armée, les nommés Seyd A'bd-Allah el-Ghazzy, Mohhammed el-Ghazzy, et Seyd Ahhmed el-Oualy, tous les trois accusés de complicité dans l'assassinat du Général en Chef KLEBER.

Le Général MENOU ayant ordonné leur interrogatoire, il y a été procédé en présence de divers généraux réunis à cet effet par l'entremise du citoyen Lhomaca, interprète, de la maniere qui suit :

Le nommé Seyd A'bd-Allah el-Ghazzy a été interrogé le premier, séparément, comme ci-après :

Interrogé de ses noms, âge et profession.

Répond s'appeler Seyd A'bd-Allah el-Ghazzy, natif de Gaza, domicilié au Kaire où il exerce depuis dix ans l'emploi de lecteur du qoran, à la grande mosquée dite *gamé'el-azhar*, et ne pas savoir son âge qu'il croit être d'environ trente ans.

Interrogé s'il demeure à la mosquée, et s'il a connaissance des étrangers qui viennent y loger.

Répond qu'il reste nuit et jour dans la mosquée, et qu'il est à portée de connaître les étrangers qu'il remarque.

Interrogé s'il a connu des hommes arrivant de la Syrie, il y a un mois.

Répond que depuis cinquante jours il n'a vu arriver personne de la Syrie.

A lui représenté qu'un homme arrivé de l'armée du Visir, depuis trente jours, déclare le connaître, et qu'il ne paraît pas dire la vérité.

Répond qu'il s'occupe uniquement de son emploi, qu'il n'a vu personne de la Syrie, mais qu'il a entendu dire qu'il était arrivé une caravane de l'Orient.

A lui représenté de nouveau que des hommes arrivés de la Syrie soutiennent lui avoir parlé, et le connaître.

Répond que cela est impossible, et qu'on peut le confronter avec ceux qui l'accusent.

Interrogé s'il ne connaît pas un nommé Soleyman, écrivain arabe, venu d'Alep depuis trente-un jours.

Répond que non.

A lui représenté que cet homme assure l'avoir vu, et lui avoir communiqué divers objets importans.

Répond qu'il ne l'a pas vu, que cet homme a menti, et qu'il consent à périr, s'il est convaincu de ne pas dire la vérité.

De suite, le Général ayant fait appeler Mohhammed el-Ghazzy, également prévenu de complicité dudit assassinat, il a été procédé à son interrogatoire, comme il suit :

Interrogé de ses noms, âge, demeure et profession.

Répond s'appeler Cheykh Mohhammed el-Ghazzy, âgé d'environ vingt-cinq ans, natif de Gaza, et domicilié au Kaire où il exerce l'état de lecteur du qoran, à la grande mosquée dite *el-azhar*, depuis cinq ans, et d'où il ne sort que pour prendre des vivres.

Interrogé s'il connaît les étrangers qui viennent loger à la mosquée.

Répond qu'il en vient quelquefois, mais que le portier seul a affaire à eux ; que pour lui il couche quelquefois à la mosquée ou chez le cheykh Cherqaouy.

Interrogé s'il ne connaît pas un nommé Soleyman, venu de la Syrie, il y a environ un mois.

Répond qu'il ne le connaît pas, qu'il ne peut voir tous ceux qui arrivent, parce que la mosquée est grande.

Interrogé de déclarer ce que lui dit Soleyman, attendu qu'il a assuré lui avoir parlé à la mosquée.

Répond qu'il le connaît depuis trois ans, qu'il sait qu'il a été à la Mekke, mais que depuis cette époque il ne l'a pas vu, et que s'il est revenu, c'est à son insu.

Interrogé si Seyd A'bd-Allah el-Ghazzy l'a connu aussi.

Repond que oui.

A lui representé qu'il est sûr qu'il a causé long-temps hier avec ce Soleyman, et qu'il y a des preuves à cet égard.

Répond que cela est vrai.

Interrogé de dire pourquoi il a commencé de dire qu'il ne l'avait point vu.

Répond qu'il ne croit pas l'avoir dit, et que les interprètes se sont trompés.

Interrogé si ce Soleyman ne lui aurait pas parlé d'une chose très-criminelle, ce qui est d'autant plus vrai qu'on sait qu'il a voulu l'en empêcher.

Répond qu'il ne sait rien de cela ; que Soleyman a fait différens voyages au Kaire, et qu'il y est depuis un mois.

A lui représenté qu'il y a des preuves que ce Soleyman lui a dit qu'il voulait tuer le Genéral en Chef, et qu'il a voulu l'en empêcher.

Répond qu'il ne lui en a pas parlé ; que hier seulement il lui a dit qu'il s'en allait, et qu'il ne reviendrait plus.

De suite le nommé Seyd A'bd-Allah el-Ghazzy a été reconduit pour être interrogé de nouveau, ainsi qu'il suit :

Interrogé pourquoi il a dit qu'il ne connaissait pas le nommé Soleyman d'Alep, lorsqu'on a des preuves que depuis trente-un jours il l'a vu souvent, et lui a parlé tous les jours.

Répond qu'il est vrai qu'il ne le connaît pas.

Interrogé s'il ne connaît pas le nommé Mohhammed el-Ghazzy, qui est comme lui lecteur à la grande mosquée dite *el-azhar*.

Répond que oui.

Et de suite lesdits cheykhs ont été confrontés de la maniere qui suit :

Interrogé ledit Mohhammed el-Ghazzy s'il n'a pas dit que Seyd A'bd-Allah connaissait ledit Soleyman.

Répond que oui.

Interrogé ledit Seyd A'bd-Allah pourquoi il a nié la vérité.

Répond qu'on lui a mal expliqué la demande, et que maintenant qu'on lui a parlé de Soleyman d'Alep, il avoue qu'il le connaît.

A lui représenté qu'on sait qu'il a vu Soleyman plusieurs fois, et qu'il lui a parlé souvent.

Répond qu'il y a trois jours qu'il ne l'a pas vu.

Interrogé s'il n'a pas voulu l'empêcher d'assassiner le Général en Chef.

Répond qu'il ne lui a jamais parlé de ce projet, et que s'il l'avait fait, il l'aurait empêché de tout son pouvoir.

Interrogé pourquoi il ne dit pas la vérité, puisqu'il y a des preuves.

Répond que cela ne peut pas être, et qu'il n'a vu ledit Soleyman que pour se saluer réciproquement, lorsqu'ils se sont rencontrés.

Interrogé si Soleyman ne lui avait pas dit ce qu'il venait faire au Kaire.

Répond qu'il ne le lui a jamais dit.

Les deux prévenus ont été reconduits ; et le nommé Seyd Ahhmed el-Oualy a été emmené, pour être interrogé à son tour sur les faits ci-après :

Interrogé de ses noms, âge, demeure et profession.

Répond s'appeler Seyd Ahhmmed el-Oualy, natif de Gaza, être lecteur du qoran à la grande mosquée depuis environ dix ans, et ne pas savoir son âge.

Interrogé s'il a connaissance des étrangers qui arrivent à la mosquée.

Répond que son état est de lire le qoran à la grande mosquée, qu'il ne s'occupe pas des étrangers.

A lui représenté que des étrangers arrivés depuis quelque temps disent l'avoir vu à la mosquée.

Répond qu'il n'a vu personne.

Interrogé s'il n'a pas vu un homme arrivé de la Syrie, et envoyé par le grand Visir, lequel homme assure le connaître.

Répond que non, et qu'on peut faire venir cet homme, pour le confronter avec lui.

Interrogé s'il connaît le nommé Soleyman d'Alep.

Répond qu'il connaît un nommé Soleyman qui allait étudier chez un effendy, que cet homme était postulant pour entrer dans les mosquées, qu'il lui a dit être d'Alep, qu'il l'a vu il y a vingt jours, que depuis il ne l'a pas rencontré, qu'il lui a dit que le Visir était à Jaffa, et que ses troupes étaient mal payées, et le quittaient.

Interrogé s'il n'est pas le protecteur de ce Soleyman qui s'est réclamé de lui.

Répond qu'il ne le connaît pas assez pour en répondre.

Interrogé si les deux prévenus d'autre part ne sont pas de sa connaissance, et si tous les trois ensemble n'ont pas parlé à Soleyman depuis peu de temps, et notamment hier.

Répond que non; que cependant il sait que ce Soleyman est venu faire des invocations dans la mosquée, qu'il y a placé des papiers dont le contenu était qu'il avait confiance dans son créateur.

Interrogé si hier il n'était pas venu aussi placer de ces papiers.

Répond qu'il n'en sait rien.

Interrogé s'il n'a pas voulu empêcher Soleyman de commettre un action criminelle.

Répond qu'il ne lui a jamais parlé de cela; que cependant il lui a raconté qu'il voulait faire des folies dont il a cherché à le détourner.

Interrogé quelles étaient les folies dont il lui a parlé.

Répond qu'il lui a dit qu'il voulait entrer dans le combat sacré, et que ce combat consiste à tuer un infidelle, sans cependant qu'il lui ait nommé personne, qu'il a voulu l'en détourner en lui disant que Dieu avait donné le pouvoir aux Français, et que rien ne pouvait les empêcher de gouverner le pays.

Ledit accusé a été reconduit, et le présent interrogatoire a été clos en présence des officiers généraux assemblés, et signé, tant par le Général Menou, que par le commissaire ordonnateur Sartelon qui a rédigé ce présent interrogatoire, requis à cet effet par le Général Menou. Lecture faite aux accusés ils ont persisté et ont signé.

Au Kaire les jour, mois, et an que dessus.

Suivent trois signatures en arabe.

Signés Le Général de division Menou, Sartelon, B. Santi Lhomaca, drogman.

MENOU, général de division, commandant en Chef l'armée d'Orient par interim,

ORDONNE:

1.° Il sera formé une commission pour juger définitivement l'horrible assassinat commis dans la journée du 25 prairial sur le Général en Chef KLEBER.

2.° Elle sera composée de neuf personnes; savoir :

Le général de division *Reynier*,

Le général de division *Friant*,

Le général de brigade *Robin*,

L'adjudant général *Morand*,

Le chef de brigade *Goguet*,

Le chef de brigade *Faure* (artillerie),

Le chef de brigade *Bertrand* (génie),

Le commissaire des guerres *Regnier*,

Le commissaire ordonnateur *Le Roy* (marine),

Rapporteur, le commissaire ordonnateur *Sartelon*,

Le commissaire du pouvoir exécutif, le citoyen *Le Père*, commissaire des guerres.

3.° La commission choisira le greffier.

4.° La commission ordonnera les arrestations, les mises en prison, généralement enfin tout ce qu'elle jugera nécessaire pour découvrir les auteurs et complices du crime.

5.° Elle décernera le genre de supplice qu'elle jugera convenable pour punir l'assassin qui a commis le crime, ainsi que ses complices.

6.° Elle s'assemblera aujourd'hui 26, et continuera ses séances jusqu'à ce que le procès soit terminé.

Signé MENOU.

Pour copie conforme :

L'Adjudant général, sous-chef de l'Etat-major général,

Signé RENÉ.

(Suit le PROCÈS-VERBAL d'Installation de la Commission).

L'an huit de la République Française, et le vingt-six prairial, en vertu de l'arrêté en date de ce jour du général de division Menou, commandant l'armée d'Orient par *interim*, se sont assemblés dans la maison du général de division Reynier, le général de brigade Robin, l'ordonnateur de la marine Le Roy, l'adjudant général Martinet, en remplacement du général de division Friant, en suite de l'ordre du Général Menou, l'adjudant général Morand, le chef de brigade d'infanterie Goguet, le chef de brigade d'artillerie Faure, le chef de brigade du génie Bertrand, le commissaire des guerres Regnier, le commissaire ordonnateur Sartelon, rapporteur, et le commissaire Le Pere faisant fonction de commissaire du Pouvoir exécutif, pour procéder au jugement définitif de l'assassinat commis dans la journée d'hier sur la personne du Général en Chef Kleber.

Ladite commission réunie sous la présidence du général Reynier, il a été fait lecture de l'arrêté du Général Menou ci-dessus rappelé ; elle a, conformément à l'article III dudit arrêté, nommé pour son greffier le commissaire des guerres Pinet qui a prêté serment, et pris ses fonctions.

Elle a autorisé le général de division Reynier, et le commissaire ordonnateur Sartelon, rapporteur, à ordonner, en conformité de l'article IV de l'arrêté, toutes arrestations et mises en prison, et faire tout ce qu'ils jugeront nécessaire pour découvrir les auteurs et complices dudit assassinat ; elle a ordonné que le poignard trouvé sur le prévenu, lors de son arrestation, sera déposé au greffe pour être représenté en temps et lieu comme pièce de conviction ; elle s'est ajournée à demain huit heures du matin, et ont les membres de la commission signé avec le greffier.

Signés le commissaire des guerres de premier classe Regnier, le chef brigade du génie Bertrand, le chef de brigade

brigade d'artillerie FAURE, le chef de la 22.me demi-brigade d'infanterie légère GOGUET, l'adjudant général MORAND, l'adjudant général MARTINET, l'ordonnateur de marine LE ROY, le général de brigade ROBIN, le général de division REYNIER, PINET, greffier.

Déclaration des Témoins.

Cejourd'hui vingt-six prairial an huit de la République Française, pardevant moi commissaire ordonnateur soussigné, chargé par l'arrêté du Général MENOU, commandant l'armée, des fonctions de rapporteur près la commission nommée pour juger les assassins du Général en Chef KLEBER, a comparu pour donner ses déclarations sur ledit assassinat, à quoi j'ai procédé, assisté du citoyen Pinet, greffier nommé conformément audit arrêté, Joseph Perrin, maréchal de logis chef des canonniers des guides, qui a déclaré que lui et le citoyen Robert, maréchal des logis, ont arrêté le turk Soleyman, accusé d'avoir assassiné le Général; qu'ils l'ont trouvé dans le jardin des *Bains français*, attenant à celui de l'Etat-major; qu'il y était caché entre de petites murailles à moitié démolies, et que lesdites murailles étaient couvertes de sang en différens endroits; que ledit Soleyman était également ensanglanté; qu'ils l'ont arrêté dans cet état, et ont été obligés ensuite de lui donner des coups de sabre pour le faire marcher. Ledit Perrin déclare en outre qu'il a trouvé un heure après un poignard caché dans la terre au même endroit où il a arrêté Soleyman, et qu'il l'a remis à l'Etat-major: ledit poignard était ensanglanté.

Lecture à lui faite de sa déposition, il a déclaré ne savoir rien autre chose, n'avoir rien à ajouter à sa déclaration, ni rien à y diminuer, et a signé avec nous et le greffier. *Signés* PERRIN, maréchal des logis chef, SARTELON, PINET, greffier.

A comparu aussi le citoyen Robert, maréchal des logis, dans l'artillerie des guides, lequel a déclaré qu'étant occupé à la recherche de l'assassin du Général, il s'est rendu dans un jardin attenant à celui de l'Etat-major, et appartenant à la maison des *Bains français*; qu'il y a trouvé avec le maréchal des logis Perrin, son camarade, le nommé Soleyman d'Alep caché dans un coin entre des murailles démolies; qu'il était tout ensanglanté, n'ayant rien sur la tête qu'un morceau de lisière de drap verd; que dans ce costume il l'a reconnu pour être l'assassin du Général; que les murailles sur lesquelles il avait passé étaient également ensanglantées; que cet homme a montré de la frayeur, et qu'une heure après son arrestation il a trouvé avec le citoyen Perrin à la même place où il était caché, un poignard rempli de sang, qu'il a apporté à l'Etat-major: ce poignard était enfoui dans la terre.

Lecture faite de sa déposition, il a déclaré qu'elle contenait vérité; qu'il n'avait rien à ajouter ni à diminuer; et a signé avec moi et le greffier.

Au Kaire les jour, mois et an que d'autre part. *Signés* Robert, maréchal des logis; Sartelon, Pinet, greffier.

Moi dit commissaire rapporteur me suis de suite transporté dans la maison du citoyen Protain, où il est détenu dans son lit par suite de ses blessures, et ai reçu sa declaration, ainsi que suit:

Jean-Constantin Protain, architecte, membre de la commission des arts et de l'institut, a déclaré qu'étant à promener dans la grande gallerie du jardin du Quartier-général, qui donne sur la place, avec le Général en Chef, un homme vêtu à la turke, sortit du fond de la gallerie où se trouve un puits à roues; qu'étant à quelques pas de distance du Général, et tourné du côté opposé, il entendit le Général crier à la garde; qu'il se retourna pour en connaître la cause ; qu'il vit alors ledit homme lui porter des coups de poignard ; qu'il courut à son secours, et voulut le défendre ; qu'il reçut plusieurs coups du même poignard qui le mirent à terre, et le firent rouler plusieurs pas : ayant entendu de nouveau crier le Général, il se rapprocha de lui ; il vit ledit homme le frapper, et il reçut lui-même de nouveaux coups ; il perdit enfin connaissance, et ne peut donner d'autres détails : il sait seulement que malgré leurs cris répétés ils sont restés plus de six minutes sans secours.

Lecture faite au citoyen Protain de sa déclaration, il a dit qu'elle contient vérité, qu'il y persiste, qu'il ne veut y ajouter ni diminuer, et a signé avec moi et le greffier. *Signés* PROTAIN, SARTELON, PINET, greffier.

Après avoir signé, le citoyen Protain a déclaré vouloir ajouter que lorsque Soleyman d'Alep, accusé d'avoir assassiné le Général en Chef et lui, lui fut présenté quelques instans après ledit assassinat, il le reconnut pour être le même qui dans le jardin de la maison du Quartier-général porta au Général en Chef des coups de poignard qui le terrassèrent, et auquel il donna lui-même plusieurs coups de bâton, pour tâcher de défendre le Général ; à la suite desquels il reçut lui-même plusieurs coups de poignard de Soleyman d'Alep, qui lui firent perdre connaissance.

Lecture faite au citoyen Protain, de la présente addition, il a dit qu'elle contient vérité, qu'il y persiste, ne veut y ajouter ni diminuer, et a signé avec nous et le greffier. *Signés* PROTAIN, SARTELON, PINET, greffier.

Aujourd'hui vingt-six prairial an huit de la République Française, moi soussigné rapporteur de la commission, nommé pour juger les assassins du Général en Chef KLEBER, ai fait appeler les aides-de-camp dudit Général, et ai reçu leur déclaration, assisté du citoyen Pinet, greffier de la commission, de la maniere qui suit :

Le citoyen Fortuné Devouges, âgé de vingt-quatre ans, lieutenant au 22.e régiment de chasseurs à cheval, aide-de-camp du Général en Chef KLEBER, a déclaré que le vingt-cinq prairial ayant accompagné le Général en Chef dans la visite qu'il fit à son quartier-général du Kaire, où il avait ordonné des réparations, un homme à turban verd, vêtu d'une mauvaise casaque, ne cessa de marcher à la suite du Général, pendant qu'il parcourut ses appartemens, et chacun le prenant pour un ouvrier, on le laissa librement aller et venir ; mais le Général en Chef ayant traversé son jardin pour aller dans celui du général Damas, le citoyen Devouges s'appercevant que le même homme se mêlait toujours dans la suite du Général, lui demanda ce qu'il voulait, et le fit chasser par un domestique : cet homme disparut en effet.

Deux heures après, lorsque le Général fut assassiné, le citoyen Devouges reconnut à côté du Général le vêtement qu'avait laissé l'assassin, pour être le même que celui de l'homme dont il vient de parler, et peu de temps après on amena un homme couvert de sang, qu'il reconnut parfaitement pour celui qu'il avait précédemment fait chasser.

Lecture à lui faite de sa déposition, le citoyen Devouges a déclaré qu'elle contenait vérité, et qu'il n'avait rien à y ajouter ni diminuer, et a signé avec moi et le greffier.

Au Kaire, les jour, mois et an que d'autre part. *Signés* DEVOUGES, SARTELON, PINET, greffier.

Nouvel interrogatoire de SOLEYMAN EL-HHALEBY.

Cejourd'hui vingt-six prairial an huit de la République Française, moi soussigné commissaire ordonnateur, remplissant les fonctions de rapporteur près la commission chargée de juger les assassins du Général en Chef **Kleber**, ai fait traduire devant moi le nommé Soleyman d'Alep, prévenu dudit assassinat, pour l'interroger de nouveau sur les faits ci après; auquel interrogatoire j'ai procédé, assisté du citoyen Pinet, greffier nommé par la commission, et par l'entremise du citoyen Bracewich, premier secretaire interprète du Général en Chef.

Interrogé de nouveau sur les faits résultans dudit assassinat.

A répondu qu'il était venu sur un dromadaire faisant partie d'une caravane arabe, chargée de savon et de tabac; que cette caravane craignant d'entrer au Kaire, s'en est allée directement au village de Ghayttah, province d'Attfiéhhly; que là il a pris un âne pour se rendre au Kaire; qu'il avait loué cet âne à un paysan qu'il ne connaît pas;

Qu'il a été chargé d'assassiner le Général par Ahhmed agha et Yassyn agha des janissaires d'Alep; que ces deux aghas lui avaient bien défendu de s'en ouvrir à qui que ce fût, parce que c'était une chose délicate; qu'on l'a envoyé, parce qu'il connaissait beaucoup le Kaire où il avait resté trois ans; qu'on lui a dit d'aller à la grande mosquée, de bien prendre son temps et ses mesures, et de ne pas manquer de tuer le Général;

Qu'il s'est ouvert cependant aux quatres cheykhs qu'il a nommés, parce que sans cela ils n'auraient pas voulu le loger à la mosquée; qu'il leur a parlé tous les jours de son projet dont ils ont voulu le détourner, en lui disant que cela était impossible; qu'il ne les avait pas priés de lui aider, parce qu'ils sont trop poltrons;

Que le jour où il s'est déterminé à consommer ledit assassinat, il n'a trouvé des quatre cheykhs qu'il a nommés que Mohhammed el-Ghazzy, à qui il a dit qu'il allait à Gyzéh pour cet objet ; qu'il était seul pour assassiner le Général, et qu'il croit qu'il était fou depuis qu'il avait fait ce projet, puisque sans cela il ne serait jamais venu de Gaza, pour consommer l'assassinat auquel il s'est porté ;

Que les papiers qu'il a mis dans la mosquée n'étaient que des versets du qoran, l'usage des écrivains arabes étant d'y en mettre souvent ;

Qu'il n'a reçu d'argent de personne au Kaire ; que les aghas lui en avaient donné ;

Que l'effendy chez qui il a étudié s'appelle Moustafa Effendy, chez qui il allait, suivant l'usage, tous les lundi et jeudi ; mais qu'il n'a pas osé lui en parler, parce qu'il craignait d'être trahi ;

Mais qu'il a dit aux quatre cheykhs qu'il a nommés quels étaient ses projets, parce qu'ils étaient Syriens commes lui ; qu'il leur a communiqué l'intention où il était d'entrer dans le combat sacré, et qu'il l'a réellement dit à tous les quatre.

Interrogé où il était lorsque le Visir est venu de l'Egypte, au commencement du mois de germinal dernier, correspondant au mois turk appelé dou-l-qa'déh.

A répondu qu'il était à Jérusalem où il faisait un pélerinage, et où il était même auparavant, lorsque le Visir a pris el-A'rich.

Interrogé où est ce qu'il a vu Ahhmed agha qu'il assure lui avoir proposé cet assassinat, et quel jour il l'a vu.

Répond que lorsque le Visir a été battu, il s'est retiré vers el-A'rich et Gaza, à la fin du mois turk chaoual, ou au commencement du mois dou-l-qa'déh qui correspond au mois de germinal de l'ère française ; que Ahhmed agha faisait partie de cette armée ; qu'il était depuis la prise d'el-A'rich, détenu à Gaza par l'ordre du Visir ; que cet agha a été transféré à Jérusalem dans la maison de Moulla Selym, gouverneur de la ville ; que lui Soleyman était à cette époque à Jérusalem ; qu'il est allé voir Ahhmed agha, le premier jour de son arrivée, pour se plaindre à lui de ce que son père, nommé Hhagy Mohhammed Amyn, marchand de beurre à Alep, éprouvait toujours des avanies par Ibrahym, pacha dudit Alep; qu'il lui en avait fait une assez considérable avant le départ du Visir, de Damas, pour venir en Egypte; que cette avanie avait été payée; que craignant qu'elles ne se renouvellassent, il lui avait demandé sa protection.

Qu'il était retourné le jour suivant chez ledit Ahhmed agha; que ce jour là l'agha lui avait dit qu'il était l'ami d'Ibrahym pacha, et qu'il lui rendrait service auprès de lui, s'il voulait se charger de tuer le Général de l'armée française;

Que le troisième et le quatrième jour il lui avait fait les mêmes propositions, et qu'àlors il l'avait addressé à Yassyn agha, qui était à Gaza, pour le défrayer; qu'il était parti de Jérusalem trois ou quatre jours après, pour se rendre au village Khalyl, sans qu'il eût reçu aucune lettre d'Ahhmed agha, qui avait envoyé un domestique à Gaza, pour instruire de tout Yassyn agha.

Interrogé combien il a demeuré de temps à Khalyl.

Répond qu'il y a demeuré vingt jours.

Interrogé pourquoi il a demeuré vingt jours dans ce village, et s'il n'a reçu aucunes lettres des deux aghas.

Répond qu'il avait peur des Arabes dont la route était remplie, qu'il a attendu une caravane pour faire ce voyage, sans recevoir aucunes lettres, et qu'au bout de ces vingt jours il s'est rendu avec elle à Gaza, sur la fin du mois dou-l-qa'déh, qui correspond au commencement du mois de floréal de l'ère française.

Interrogé ce qu'il a fait à Gaza, et ce que lui a dit Yassyn agha.

Répond que le second jour de son arrivée à Gaza, il s'est

présenté à l'agha qui lui a dit être instruit de l'affaire pour laquelle il était venu ; que cet agha l'a logé à la grande mosquée où il est venu plusieurs fois, soit de jour, soit de nuit, pour se concerter secrétement avec lui ; qu'il lui a promis de faire ôter les avanies à son père, et de le protéger lui-même dans toutes les occasions ; qu'il lui a donné quarante piastres turkes, de quarante parats l'une, pour les frais du voyage, en lui donnant les instructions dont il a parlé ; et qu'il est parti dix jours après son arrivée, sur un dromadaire avec lequel il est venu en six jours, ainsi qu'il l'a expliqué, son départ ayant eu lieu dans les premiers jours du mois turk dyl-hhagéh, correspondant au milieu du mois de floréal de l'ère française ; en sorte que lorsqu'il a assassiné le Général, il y avait trente-un jours qu'il était au Kaire.

Interrogé s'il reconnaît le poignard ensanglanté, avec lequel le Général en Chef a été assassiné.

Répond qu'il le reconnaît pour être le même avec lequel il a assassiné le Général.

Interrogé qui lui a donné ce poignard, s'il le tient d'un des deux aghas, et comment il se l'est procuré.

Répond que personne ne le lui a donné ; qu'il l'a acheté au marché de Gaza, dans l'intention de s'en servir pour tuer le Général, et qu'il a pris la première arme qu'il a trouvé à acheter.

Interrogé si Ahhmed agha ou Yassyn agha, ou tous les deux ensemble, lui ont parlé du grand Visir, pour lui offrir sa protection dans le cas où il assassinerait le Général.

Répond que non ; qu'ils lui ont seulement offert la leur en cas qu'il parvînt à réussir.

Interrogé si le Visir a fait des proclamations contre les Français, pour les faire assassiner.

Répond qu'il n'en sait rien ; qu'il sait seulement que le

Visir

Visir avait envoyé Tlahir pacha, pour secourir les insurgés du Kaire, et que ce pacha est rentré, lorsqu'il a trouvé les Osmanlis qui se retiraient.

Interrogé s'il est le seul qui ait été chargé de cette mission.

Répond qu'il le croit, et qu'il était seul dans le secret avec les deux aghas.

Interrogé comment il devait informer les deux aghas de cet assassinat.

Répond qu'il devait les aller trouver, ou leur envoyer promptement un exprès.

Le présent interrogatoire a été clos par moi rapporteur soussigné, et il a été signé par l'accusé après lecture, et par le greffier et l'interprète.

Au Kaire les jour, mois et an que d'autre part. Suit la signature de l'accusé en arabe. *Signés* SARTELON, Damien BRACEWICH, PINET, greffier.

Confrontation des Accusés.

Cejourd'hui 26 prairial an 8 de la Republique Française, moi soussigné rapporteur de la commission chargée de juger les assassins du Général en Chef KLEBER, ai fait appeler le cheykh Mohhammed el-Ghazzy prévenu de complicité dans ledit assassinat, pour l'interroger de nouveau, et le confronter avec Soleyman d'Alep, prévenu d'être l'auteur dudit crime, auxquels interrogatoires et confrontations j'ai procédé de la manière qui suit, conjointement avec le citoyen Pinet, greffier de ladite commission :

Interrogé ledit cheyhk Mohhammed el-Ghazzy s'il connaît le nommé Soleyman d'Alep ici présent.

Repond que oui.

Interrogé ledit Soleyman d'Alep s'il connaît le nommé Mohhammed el-Ghazzy ici présent.

Répond que oui.

Interrogé le nommé Mohhammed el-Ghazzy si Soleyman d'Alep ici présent ne lui a pas confié, depuis 31 jours qu'il était au Kaire, le dessein où il était de tuer le Général en Chef; s'il ne lui a pas dit qu'il était venu de la Syrie pour cet objet de la part des aghas Ahhmed et Yassyn ; s'il ne les en a pas entretenus à peu près tous les jours, et enfin si la veille du jour où il a assassiné le Général en Chef, il ne lui a pas dit qu'il partait pour aller à Gyzéh dans le dessein de le tuer.

A répondu que tout cela est faux; que lorsqu'ils se sont vus, ils se sont seulement salués, et que la veille du jour où il est parti pour Gyzéh, il lui a apporté du papier et de l'encre, et lui a dit qu'il ne reviendrait que le lendemain.

A lui représenté qu'il ne dit pas la vérité, puisque Soleyman qui est ici présent, soutient qu'il lui a parlé tous les jours, et notamment la veille de l'assassinat, du dessein où il était de tuer le Général.

Répond que cet homme ment.

Interrogé s'il ne va pas coucher souvent chez le cheykh Cherqaouy, et s'il n'y a pas été coucher ces jours derniers.

Répond que depuis l'arrivée des Français il n'y a jamais couché, et qu'il y allait coucher quelquefois auparavant.

A lui représenté qu'il ne dit pas la vérité, puisque dans son interrogatoire d'hier il a déclaré qu'il allait souvent coucher chez le cheykh Cherqaouy.

Répond qu'il ne l'a pas dit.

Interrogé le nommé Soleyman de déclarer s'il persiste à soutenir au chekyh Mohhammed ici présent, qu'il lui a parlé tous les jours du projet où il était d'assassiner le Général, et notamment la veille dudit assassinat.

Répond que oui, qu'il a dit la vérité, et que le cheykh Mohhammed el-Ghazzy a peur.

Le cheykh Mohhammed el-Ghazzy, persistant dans ses dénégations, j'ai jugé convenable, vu les preuves acquises, de lui faire infliger la bastonnade suivant l'usage du pays, pour qu'il déclare ses complices: elle lui a été donnée jusqu'à ce qu'il ait promis de dire la vérité; après quoi il a été délié et interrogé de nouveau, ainsi qu'il suit:

Interrogé si Soleyman lui a fait part de son projet d'assassiner le Général en Chef.

Répond qu'il lui a dit souvent qu'il était venu de Gaza, pour entrer dans le combat sacré contre les infidelles Français; qu'il l'en a détourné en lui disant que cela aurait une mauvaise fin; que ce n'est que la veille de l'assassinat qu'il lui a dit qu'il voulait tuer le Général en Chef.

Interrogé pourquoi il n'est pas venu dénoncer ledit Soleyman.

Répond que c'est parce qu'il n'aurait jamais cru qu'un homme de sa façon pût tuer le Général en Chef, lorsque le Visir n'avait pas pu le faire.

Interrogé s'il n'a pas fait part de ce que lui a dit Soleyman à plusieurs personnes de la ville, notamment au cheykh Cherqaouy.

Répond qu'il n'en a parlé à personne, et que quand on le tuerait il ne le dirait pas.

Interrogé s'il sait qu'il y ait au Kaire d'autres personnes chargées d'assassiner les Français, et où elles sont.

Répond qu'il n'en a point connaissance, et que Soleyman ne lui en a jamais parlé.

Interrogé ledit Soleyman de déclarer également où sont ses complices.

Répond qu'il n'en a point au Kaire, et qu'il ne croit pas qu'il y ait d'autres personnes que lui pour assassiner les Français.

De suite ledit Mohhammed el-Ghazzy a été conduit à

sa prison, et Soleyman est resté pour être confronté avec Seyd Ahhmed el-Oualy qui a été amené pour cet objet.

Interrogé s'il connaît Soleyman d'Alep ici présent.

A répondu que oui.

Interrogé ledit Soleyman s'il connaît le nommé Seyd Ahhmed el-Oualy ici présent.

A répondu également que oui.

Interrogé le cheykh Seyd Ahhmed el-Oualy si Soleyman lui a fait part de son projet d'assassiner le Général français, notamment la veille dudit assasinat.

Répond que Soleyman, à son arrivée, il y a environ trente jours, lui a dit qu'il venait pour entrer dans le combat sacré contre les infidelles; qu'il l'en a détourné en lui disant que cela n'était pas bien fait, mais qu'il ne lui a pas dit qu'il voulût assassiner le Général en Chef.

Interrogé ledit Soleyman de déclarer s'il a dit à Seyd Ahhmed el-Oualy, qu'il voulait assassiner le Général en Chef, et combien avant l'assassinat il y avait de jours qu'il lui en avait parlé.

Répond que les premiers jours de son arrivée il lui a dit qu'il venait pour entrer dans le combat sacré, ce qu'il a désapprouvé; que six jours après il lui a fait part de son projet d'assassiner le Général; que depuis il ne lui en a plus parlé, et qu'il y avait quatre jours qu'il ne l'avait pas vu lors dudit assassinait.

Représenté à Seyd Ahhmed el-Oualy, qu'il n'a pas dit la vérité en assurant que Soleyman ne lui a point fait part de son projet d'assassiner le Général.

Répond que maintenant que Soleyman le lui a rappelé, il s'en souvient.

Interrogé pourquoi il n'a pas dénoncé ledit Soleyman.

Répond que c'est pour deux motifs; le premier, parce qu'il

croyait qu'il mentait; et le second, parce qu'il le méprisait trop pour le croire capable d'une pareille action.

Interrogé si Soleyman lui a dit qu'il eût quelque complice; et si lui Seyd Ahhmed el-Oualy en a parlé à quelqu'un, notamment au cheykh de la grande mosquée, à qu'il il doit rendre compte de tout ce qui s'y passe.

Répond que Soleyman ne lui a point dit qu'il eût des complices; qu'il n'a pas cru qu'il fût de son devoir d'en prévenir le cheykh de la mosquée, et qu'il n'en a parlé lui-même à personne.

Interrogé s'il avait connaissance d'un ordre du Général en Chef, qui ordonne de dénoncer tous les Osmanlis qui arrivent au Kaire.

Répond qu'il n'en a pas connaissance.

Interrogé de déclarer s'il n'a pas logé Soleyman à la mosquée, parce qu'il a déclaré qu'il venait pour assassiner le Général.

Répond que non; que tous les musulmans peuvent loger à la mosquée.

Interrogé Soleyman s'il n'a pas dit qu'on ne l'aurait pas reçu, s'il n'avait pas déclaré quel était le motif qui l'amenait au Kaire.

Répond que les arrivans sont obligés de le dire, mais qu'il doit à la vérité de déclarer qu'aucun des cheykhs n'a approuvé son projet.

Ledit Seyd Ahhmed el-Oualy a été reconduit, et Soleyman est resté pour être confronté à Seyd A'bd-Allah el-Ghazzy, qui a été amené pour cet objet.

Interrogé ledit Seyd A'bd-Allah el-Ghazzy s'il connaît ledit Soleyman ici présent.

Répond que oui.

Interrogé le nommé Soleyman s'il connaît ledit Seyd A'bd-Allah el-Ghazzy ici présent.

Répond que oui.

Interrogé Seyd A'bd-Allah el-Ghazzy s'il n'avait pas connaissance du projet de Soleyman pour assassiner le Général en Chef.

Répond et avoue qu'à son arrivée il lui a fait part de son dessein de combattre les infidelles, et de tuer le Général en Chef, et qu'il a voulu l'en détourner.

Interrogé pourquoi il n'a pas dénoncé ledit Soleyman.

Répond qu'il croyait qu'il serait allé trouver les grands cheykhs du Kaire qui l'en auraient détourné, et qu'il le fera à l'avenir.

Interrogé s'il a parlé de ce projet à quelqu'un, et s'il sait que Soleyman en ait également fait part à quelque personne du Kaire.

Répond qu'il n'en sait rien.

Interrogé s'il sait qu'il y ait au Kaire d'autres personnes chargées d'assassiner les Français.

Répond qu'il n'en sait rien; et qu'il ne le croit pas.

Lecture faite du présent procès-verbal de confrontation à Soleyman accusé, à Mohhamed el-Ghazzy, à Seyd Ahhmed el-Oualy et à Seyd A'bd-Allah el-Ghazzy, ils ont déclaré que leurs réponses contiennent vérité, qu'ils n'ont rien à ajouter ni à diminuer, qu'ils persistent; et ont signé avec nous, BRACEWICH et LHOMACA, interprètes, et le greffier.

Au Kaire, les jour, mois et an que d'autre part. Suivent les signatures des accusés en arabe. *Signé* Baptiste SANTI LHOMACA, drogman; le premier secretaire interprète du Général en Chef, Damien BRACEWICH; SARTELON; PINET, greffier.

Et après avoir clos ledit interrogatoire, moi commissaire rapporteur ai demandé aux quatre prévenus s'ils voulaient se choisir un ami pour défenseur; et nous ayant déclaré qu'ils ne pouvaient en désigner aucun, nous avons fait choix du nommé Lhomaca, interprète, pour remplir cet objet.

Au Kaire, les jour, mois et an que dessus.

Signés SARTELON, PINET, greffier.

Interrogatoire de Mousttafa Effendy.

Aujourd'hui vingt-six prairial an huit de la République Française, moi soussigné rapporteur de ladite commission nommée pour juger les assassins du général en Chef KLEBER, ai fait appeler devant moi le nommé Mousttafa Effendy, pour l'interroger sur les faits résultans dudit assassinat; auquel interrogatoire j'ai procédé, assisté du citoyen Pinet, greffier de la commission.

Interrogé de ses noms, âge, domicile et profession.

Répond s'appeler Mousttafa Effendy, natif de Brouze en Bithynie, âgé de quatre-vingt-un ans, et être maître d'école.

Interrogé s'il a vu depuis un mois le nommé Soleyman d'Alep.

Répond que cet homme a été son élève, il y a trois ans; qu'il l'a vu, il y a dix ou vingt jours qu'il est venu coucher chez lui; mais que, comme il est pauvre, il lui a dit de chercher un asyle ailleurs.

Interrogé si le nommé Soleyman ne lui a pas dit qu'il était venu de Syrie pour assassiner le Général en Chef.

Répond que non; qu'il est venu seulement chez lui pour le saluer comme son ancien maître.

Interrogé si Soleyman ne lui a pas parlé des motifs qui l'avaient amené, et si lui-même ne s'en est pas informé.

Répond qu'il n'a été occupé que de le renvoyer, parce qu'il est pauvre; qu'il lui a cependant demandé ce qu'il venait faire, et qu'il lui a dit qu'il venait se perfectionner dans la lecture.

Interrogé s'il ne sait point qu'il soit allé voir quelqu'un au Kaire, notamment des cheykhs considérables.

Répond qu'il n'en sait rien, parce qu'il l'a vu très-peu de temps, et que d'ailleurs, vu son âge et ses infirmités, il sort peu de chez lui.

Interrogé s'il n'enseigne pas le qoran à ses élèves.

Répond que oui.

Interrogé si le qoran ordonne les combats sacrés, et prescrit de tuer les infidelles.

Répond qu'il connaît les combats sacrés, et que le qoran en parle.

Interrogé s'il enseigne de pareils principes à ses élèves.

Répond qu'un vieillard n'a rien à faire dans tout cela; mais qu'il est vrai que le qoran parle des combats sacrés, et que celui qui tue un infidelle est dans le chemin de la direction.

Interrogé s'il a appris d'aussi belles choses à Soleyman.

Répond qu'il ne lui a appris qu'à écrire.

Interrogé s'il sait qu'un musulman a tué hier le Général en Chef de l'armée française, qui n'était pas de sa religion, et si, d'après les principes du qoran, cette action est louable et approuvée par le prophète.

Répond que celui qui tue doit être tué; que quant à lui il croit que l'honneur des Français est aussi l'honneur des Musulmans; et que si le qoran dit autre chose, ce n'est pas sa faute.

De suite ledit Soleyman a été confronté avec ledit Mousttafa Effendy.

Interrogé s'il a vu plus d'une fois l'Effendy Mousttafa, et s'il lui a fait part de son projet.

Répond qu'il ne l'a vu qu'une fois, comme son ancien maître

maître, qu'il est venu seulement pour le saluer, que cet homme est vieux et infirme, et qu'il ne lui convenait pas de lui faire part de son projet.

Interrogé s'il n'est pas de la secte des combats sacrés, et si les cheykhs de la ville ne l'ont pas autorisé à tuer au Kaire les infidelles, pour gagner les bonnes graces du prophète Mohhammed.

Répond qu'il a parlé des combats sacrés seulement aux quatre cheykhs qu'il a nommés.

Interrogé s'il n'en a pas parlé au cheykh Cherqaoui.

Répond qu'il ne voit pas ce cheykh, parce qu'ils ne sont pas musulmans du même rit; que le cheykh Cherqaoui est de la secte de Chafe'y, et lui de la secte de Hhanefy.

Lecture faite à Soleyman et à Mousttafa de leurs réponses, ils ont déclaré qu'elles contenaient vérité, qu'ils n'avaient rien à ajouter ni à diminuer; et ils ont signé avec nous, le greffier, et le citoyen Lhomaca, interprète.

Au Kaire, les jours, mois et an que d'autre part.

Suivent les signatures des accusés en arabe.

Signés B. SANTI LHOMACA, SARTELON, PINET, greffier.

RAPPORT

Fait le 27 prairial an 8, par le Commissaire Ordonnateur Sartelon, *à la Commission chargée de juger l'Assassin du Général en Chef* Kleber, *et ses complices.*

Citoyens,

Le deuil général et la douleur profonde dont nous sommes environnés, nous annoncent assez la grandeur de la perte que l'armée vient d'éprouver. Au milieu de ses triomphes et de sa gloire, notre Général nous est tout-à-coup enlevé par le fer d'un assassin, dont la trahison et le fanatisme ont stipendié la main parricide et mercenaire. Chargé de provoquer contre cet homme exécrable et ses complices, la vengeance des loix, qu'il me soit permis d'unir un moment mes pleurs et mes regrets à ceux dont sa victime est parmi nous le triste, mais honorable objet ; mon cœur sent vivement le besoin de lui rendre ce tribut justement mérité ; ma tâche m'en semblera plus facile, et j'entrerai avec moins de dégoût dans les détails dont cet affreux événement se compose.

Vous venez d'entendre la lecture de l'information, de l'interrogatoire des prévenus, et des autres pièces de la procédure.

Jamais crime ne fut mieux prouvé que celui dont vous allez juger les perfides auteurs : les déclarations des témoins, l'aveu de l'assassin et de ses complices, tout en un mot se réunit pour jetter une clarté horrible sur cet infame assassinat.

Je vais parcourir rapidement les faits, et retenir, s'il est possible, l'indignation qu'ils inspirent. Que l'Europe, que le monde entier apprennent que le ministre suprême de l'empire ottoman, que ses généraux, que son armée ont eu la lâcheté d'envoyer un assassin au brave et malheureux KLEBER qu'ils n'avaient pu vaincre, et qu'ils ont ajouté à la honte de leur défaite celle du crime atroce dont ils se sont souillés aux yeux de l'univers.

Vous vous rappelez tous cet essaim d'Osmanlis accourus il y a trois mois, à la voix du visir, de Constantinople et du fond de l'Asie, pour s'emparer de l'Egypte qu'ils prétendaient nous forcer de quitter en vertu d'un traité dont leurs alliés empêchaient eux-mêmes l'exécution.

A peine les restes de cette horde barbare, vaincue dans les plaines de Matharieh et d'Heliopolis, ont repassé honteusement le désert, que les cris de rage et de désespoir se font entendre de toutes parts dans leurs rangs.

Le Visir inonde l'Egypte et la Syrie de proclamations provoquant au meurtre contre les Français qui l'ont vaincu.

C'est sur-tout contre leur Général, qu'il cherche à assouvir sa vengeance.

C'est au moment où les habitans de l'Egypte, égarés par ses manœuvres, éprouvent la clémence et la générosité de leur vainqueur; c'est au moment où les prisonniers de son armée sont accueillis, et ses blessés reçus dans nos hôpitaux, qu'il met tout en usage pour consommer l'affreux attentat qu'il médite depuis long-temps.

Il se sert pour l'exécuter, d'un agha disgracié; il attache au crime qu'il lui propose, le retour de sa faveur et la conservation de sa tête déjà proscrite.

Ahhmed agha, emprisonné à Gaza, depuis la prise d'el-A'rich, se rend à Jérusalem, après la déroute du Visir, dans les premiers jours de germinal dernier; il a pour prison la maison du Moutsellem, et il s'occupe dans cet asyle, du projet atroce dont il a eu la barbarie de se charger.

Une fatalité inconcevable semble avoir tout préparé pour l'exécution de la vengeance du visir.

Soleyman d'Alep, jeune homme de vingt-quatre ans, déjà sans doute souillé par le crime, se présente chez l'agha, le jour même de son arrivée à Jérusalem, et réclame sa protection pour soustraire son père, marchand d'Alep, aux avanies périodiques d'Ibrahym, pacha de cette ville.

Il y revient le lendemain. Des informations ont été prises sur le caractère de ce jeune fanatique: il est reconnu qu'il se prépare à être reçu lecteur du qoran dans une mosquée ; qu'il est à Jérusalem pour un pélerinage ; qu'il en a déjà fait deux autres à la Mekke et à Médine, et que le délire religieux est porté au plus haut degré dans sa tête troublée par de fausses idées sur la perfection de l'Islamisme, dont il croit que ce qu'il appelle les combats sacrés et la mort des infidelles sont le gage le plus précieux et le plus assuré.

Dès ce moment Ahhmed agha n'hésite plus à lui parler de la mission qu'il desire lui confier ; il lui promet sa protection et des récompenses ; il l'adresse à Yassyn agha qui commande à Gaza un détachement de l'armée du Visir, et l'envoie quelques jours après pour recevoir de lui les instructions et l'argent qui lui sont nécessaires.

Soleyman, déjà plein de son crime, se met aussi-tôt en route ; il demeure vingt jours au village de Khalyl dans la Palestine ; il y attend une caravane pour passer le désert ; et rempli d'impatience, il arrive à Gaza dans les premiers jours de floréal dernier.

Yassyn agha le loge dans une mosquée pour entretenir son fanatisme ; il le voit souvent en secret, soit de jour, soit de nuit, pendant les dix jours qu'il passe dans cette ville ; il lui donne des instructions et quarante piastres turkes, et le fait enfin partir sur un dromadaire avec une caravane qui le conduit en six jours en Égypte.

Muni d'un poignard, il arrive vers le milieu du mois de floréal au Kaire où il a déjà passé trois ans; il se loge suivant ses instructions à la grande mosquée, et se prépare au crime pour lequel il y est envoyé, par des invocations à l'être suprême, et des prières écrites qu'il place sur les murs de la mosquée.

Il y est reçu par quatre lecteurs du qoran, nés comme lui dans la Syrie; il leur fait part de sa mission, les en entretient à chaque instant, et n'en est détourné que par la difficulté de l'entreprise, et le danger qu'ils trouvent à l'exécuter.

Mohhammed el-Ghazzy, Seyd Ahhmed el-Oualy, A'bd-Allah el-Ghazzy et A'bdou-l-Qadyr el-Ghazzy reçoivent la confidence de ce projet, sans rien faire pour empêcher de le consommer, et s'en rendent complices par leur silence constant et soutenu.

L'assassin attend au Kaire sa victime pendant trente et un jours; il se détermine enfin à partir pour Gyzéh, et confie le jour de son départ, l'objet de son voyage, à Mohhammed el-Ghazzy, l'un des prévenus.

Il semble que tout concourre à favoriser son crime: le GÉNÉRAL part de Gyzéh, le lendemain de son arrivée, pour se rendre au Kaire; Soleyman le suit pendant toute la route, on est obligé plusieurs fois de l'éloigner; mais il poursuit toujours sa victime, et parvient enfin le vingt-cinq de ce mois à se cacher dans le jardin du GÉNÉRAL: il l'aborde pour lui baiser la main; son air de misère intéresse; il n'est point repoussé, et il profite de ce moment d'abandon pour lui porter quatre coups de poignard. En vain le citoyen Protain, architecte et membre de l'Institut, se dévoue généreusement pour lui sauver la vie; son courage est inutile, et il reçoit lui-même six blessures qui le mettent hors de combat.

C'est ainsi qu'est tombé sans défense sous les coups d'un assassin, celui qui dans une carrière militaire, remplie de gloire et de dangers, fut respecté par les hasards de la guerre, qui le premier passa le Rhin à la tête des armées républicaines, et conquit glorieusement une seconde fois l'Egypte envahie par une nuée d'Osmanlis.

Que pourrais-je ajouter à la douleur profonde, dont il est l'objet! les larmes des soldats dont il fut le père, les regrets des généraux qui furent les compagnons de ses travaux et de sa gloire, le deuil et la consternation de l'armée, sont le seul éloge digne de lui.

L'assassin Soleyman n'a pu éviter les recherches des troupes indignées; le sang dont il était couvert, son poignard, son air égaré et farouche ont découvert son crime: il l'avoue et nomme ses complices; il semble s'applaudir du meurtre infame qu'il vient de commettre. Dans les interrogatoires qu'il subit, et à la vue des supplices qui l'attendent, il conserve un calme inaltérable qui devrait être le fruit de l'innocence, mais qui trop souvent aussi est le partage du fanatisme.

Les complices avouent également la confidence qui leur a été faite du projet de l'assassinat qu'ils ont laissé consommer par leur silence.

En vain ils prétendent qu'ils n'ont jamais cru Soleyman capable de ce crime ; en vain ils assurent qu'ils l'auraient révélé, s'ils avaient pu penser qu'il eût eu réellement l'intention de le commettre : les faits parlent contr'eux ; ils ont reçu l'assassin, ils l'ont accueilli, ils ne l'ont détourné de son projet, qu'à raison du danger personnel qu'il courait ; ils sont donc ses complices, et rien ne peut les excuser.

Je ne parle point de Mousttafa Effendy : il n'existe contre ce vieillard aucune preuve qui puisse le faire regarder comme complice.

Le genre de supplice à prononcer contre les prévenus est laissé entièrement à votre choix par l'arrêté qui vous charge de leur jugement définitif ; je crois devoir vous engager à n'en adopter aucun qui ne soit en usage dans le pays : mais la grandeur de l'attentat exige qu'il soit terrible ; celui de l'empalement me paraît convenable. Que la main de cet homme infame soit brûlée avant tout ; qu'il expire ensuite sur son pal, et que son corps y reste exposé jusqu'à ce qu'il soit dévoré par les oiseaux de proie.

Quant aux complices, quoique leur délit soit grand, il semble que leur supplice doive être moins sévère que celui de l'assassin ; la simple peine de mort, telle qu'elle qu'elle est adoptée en Egypte, doit suffire, et je crois devoir vous la proposer.

Que le Visir, que les féroces Osmanlis qu'il commande, apprennent en frémissant le châtiment du monstre qui osa se charger de leur vengeance atroce. Leur crime prive, il est vrai, l'armée d'un chef qui sera toujours l'objet de nos regrets et de nos larmes; mais qu'ils n'espèrent point abattre nos courages: le successeur du Général que nous avons perdu, déjà connu par ses talens, par sa bravoure et par les qualités brillantes qui l'ont distingué dans sa carrière politique et militaire, saura nous conduire aussi à la victoire; et les lâches qui ne rougirent pas de se venger de leur défaite par un assassinat dont l'histoire n'offrit jamais d'exemple, ne retireront de cet acte de barbarie d'autre fruit que de s'être déshonorés inutilement aux yeux de l'univers.

C'est sur les considérations développées dans ce rapport, que je motive mes conclusions qui tendent: 1.° A ce que le nommé Soleyman d'Alep soit déclaré convaincu d'avoir assassiné le Général en Chef de l'armée KLEBER; qu'il soit condamné à avoir la main droite brûlée, à être empalé, et à expirer ensuite sur son pal où il restera jusqu'à ce que son cadavre soit dévoré par les oiseaux de proie; 2.° A ce que les trois cheykhs Mohhammed, A'bd-Allah et Ahhmed el-Ghazzy soient déclarés complices dudit assassinat, et comme tels condamnés à avoir la tête tranchée; 3.° A ce que le cheykh A'bd el-Qadyr, contumace, soit aussi condamné à la même peine; 4.° A ce que l'exécution ait lieu au retour du cortége funéraire, en présence de l'armée et des gens du pays rassemblés à cet effet; 5.° A ce que Mousttafa Effendy soit déclaré non convaincu de complicité, et mis en liberté; 6.° Enfin, à ce que le jugement et les pièces du procès soient imprimés et affichés au nombre de cinq cens exemplaires, et traduits en langues turke et arabe, pour être placardés dans les différentes provinces de l'Egypte, aux lieux accoutumés et désignés à cet effet.

Au Kaire, le 27 prairial an 8 de la République Française.

Signé SARTELON.

JUGEMENT.

L'AN huit de la République Française, et le 27 prairial, dans la maison occupée par le général de division Reynier, se sont assemblés en vertu de l'arrêté du général MENOU, commandant l'armée d'Orient par *interim*, du jour d'hier, le général de division Reynier, le général de brigade Robin, l'ordonnateur de la marine Le Roy, l'adjudant général Martinet, l'adjudant général Morand, le chef de brigade d'infanterie Goguet, le chef de brigade d'artillerie Faure, le chef de brigade du génie Bertrand, et le commissaire des guerres Regnier; le commissaire ordonnateur Sartelon faisant fonction de rapporteur, et le commissaire des guerres Le Pere faisant fonction de commissaire du Pouvoir exécutif, écrivant le commissaire des guerres Pinet, greffier de ladite commission, pour procéder au jugement définitif de l'assassinat commis dans la journée du 25 de ce mois sur la personne du Général en Chef KLEBER.

La commission assemblée, le général de division Reynier, président, a fait déposer devant lui sur le bureau un exemplaire dudit arrêté du général Menou, dont lecture a été faite; le rapporteur a ensuite fait lecture du procès-verbal d'information, et celle des pièces à charge et à décharge envers les prévenus Soleyman el-Hhaleby, Seyd A'bd el-Qadyr el-Ghazzy, Mohhammed el-Ghazzy, A'bd-Allah el-Ghazzy, Ahhmed el-Oualy, et Mohhammed Effendy.

Lecture faite, le président a ordonné que les prévenus seront amenés devant la commission, libres et sans fers, accompagnés de leur défenseur, les portes de la salle ouvertes, et la séance publique.

F 2

Le président, ainsi que les membres de la commission, ont fait différentes questions aux prévenus, par l'entremise du citoyen Bracewich, interprète, auxquelles ils ont répondu en persistant dans l'aveu de leur crime, consigné dans leurs précédens interrogatoires.

Le président leur a demandé s'ils n'ont rien à ajouter pour leur défense; leur défenseur, nommé d'office, a pris parole, et n'ayant plus rien à dire, le président a ordonné que les accusés seront reconduits dans leur prison par leur escorte.

Le président a demandé aux membres de la commission s'ils n'avaient pas d'observations à faire : sur leur réponse négative, il a ordonné que tout le monde se retirât, pour opiner à huis clos.

Il a posé la première question ainsi qu'il suit : *Soleyman el-Hhaleby, âgé de vingt-quatre ans, domicilié à Alep, accusé d'avoir assassiné le* GÉNÉRAL EN CHEF *et le citoyen* PROTAIN, *architecte, dans le jardin du Quartier-général, le 25 du courant, est-il coupable?*

Les voix ont été recueillies, en commençant par le grade inférieur; la commission a déclaré à l'unanimité que ledit *Soleyman el-Hhaleby* est coupable.

Sur la seconde question : *Seyd Ab'd el-Qadyr el-Ghazzy, lecteur du qoran à la grande mosquée dite* el-azhar, *natif de Gaza, domicilié au Kaire, accusé de complicité d'avoir été le dépositaire du projet d'assassiner le* GÉNÉRAL EN CHEF, *de ne l'avoir pas révélé, et d'avoir fui, est-il coupable?*

La commission a déclaré à l'unanimité qu'il est coupable?

Il a ainsi posé la troisième question : *Mohhammed el-Ghazzy, âgé de 25 ans, lecteur de la grande mosquée, natif de Gaza, accusé d'avoir été le dépositaire du secret d'assassiner le* GÉNÉRAL EN CHEF, *d'en avoir été instruit dans le moment où l'assassin se mettait en route pour l'exécuter, et de ne l'avoir pas révélé, est-il coupable?*

La commission a déclaré à l'unanimité qu'il est coupable.

La quatrième question a été ainsi posée : *A'bd-Allah el-Ghazzy, âgé de* 30 *ans, natif de Gaza, lecteur à la grande mosquée, accusé d'avoir reçu la confidence du projet d'assassiner le* GÉNÉRAL EN CHEF, *et de ne l'avoir pas révélé, est-il coupable?*

La commission a déclaré à l'unanimité qu'il est coupable.

La cinquième question a été ainsi posée : *Ahhmed el-Oualy, natif de Gaza, lecteur du qoran à la grande mosquée, accusé d'avoir eu connaissance du projet d'assassiner le* GÉNÉRAL EN CHEF, *et de ne l'avoir pas révélé, est-il coupable?*

La commission a déclaré à l'unanimité qu'il est coupable.

La cinquième question a été ainsi posée : *Mohhammed Effendy, âgé de quatre-vingt-un ans, natif de Bourse, prévenu de complicité, est-il coupable?*

La commission a déclaré à l'unanimité qu'il n'est pas coupable, et a ordonné sa mise en liberté.

Le commissaire du Pouvoir exécutif a requis l'application de la peine aux accusés de mort ci-dessus déclarés coupables.

La commission est allée aux voix sur le genre de supplice à infliger aux coupables; elle a fait lecture de l'article V de l'arrêté du Général MENOU, du jour d'hier, conçu en ces termes : « La commission décernera le genre de supplice qu'elle » jugera convenable pour punir l'assassin qui a commis le » crime, ainsi que ses complices. » Elle a décidé à l'unanimité de choisir un genre de supplice en usage dans le pays pour les plus grands crimes, et proportionné à la grandeur de l'attentat, et a condamné *Soleyman el-Hhaleby* à avoir le poignet droit brûlé, être ensuite empalé, et rester sur le pal jusqu'à ce que son cadavre soit mangé par les oiseaux de proie. Cette exécution aura lieu sur la butte du fort de l'Institut, aussi-tôt après l'enterrement du GÉNÉRAL EN CHEF KLEBER, en présence de l'armée et des habitans réunis pour ledit enterrement. Elle a prononcé la peine de mort contre *Seyd A'bd el-Qadyr el-Ghazzy*, contumace; ses biens seront confisqués et acquis à la République Française, son jugement sera affiché au poteau destiné à recevoir sa tête. Elle a condamné *Mohhammed el-Ghazzy*, *A'bd-Allah el-Ghazzy* et *Ahhmed el-Oualy* à avoir la tête tranchée et exposée sur le lieu de l'exécution; leurs corps seront brûlés sur un bûcher dressé dans ledit lieu à cet effet. Lesdits condamnés seront exécutés dans l'ordre suivant, savoir: *A'bd-Allah el-Ghazzy*, *Ahhamed el-Oualy*, *Mohhammed el-Ghazzy*, et *Soleyman el-Hhaleby* le dernier.

Le présent jugement et les conclusions du rapporteur seront imprimés en langues turke, arabe et française, au nombre de cinq cens exemplaires, et seront affichés par-tout où besoin sera. Le rapporteur demeure chargé de faire ses diligences pour que le présent jugement soit mis à exécution.

Fait au Kaire les jour, mois et an que dessus; et ont les membres de la commission signé avec le greffier.

Signés à la minute, le commissaire des guerres de première classe REGNIER, le chef de brigade d'artillerie FAURE, le chef de brigade du génie BERTRAND, le chef de la 22.me demi-brigade d'infanterie légère GOGUET, l'adjudant général MORAND, l'adjudant général MARTINET, l'ordonnateur de marine LE ROY, le général de brigade ROBIN, le général de division REYNIER, PINET, greffier.

Le présent jugement a été lu et expliqué aux accusés par le citoyens [illegible], interprète ; ils ont déclarés n'avoir rien à ajouter à leurs précédentes réponses : il a été de suite exécuté le 28 du mois de prairial courant, à onze heures du matin, au lieu désigné.

Au Kaire le 28 prairial an 8. *Signés* à la minute, SARTELON, PINET, greffier.

Pour copie conforme :

PINET, greffier.

ERRATA.

PAGE 6, *ligne* 22 : est qu'il ; *lisez* et qu'il.

Page 19, *ligne* 29 : de la commission, nommé ; *lisez* de la commission nommée.

Page 22, *ligne* 31 : dans la maison de Moulla Selym, gouverneur ; *lisez* dans la maison du moutsellem ou gouverneur.

Page 29, *ligne* 4 : à qu'il il ; *lisez* à qui il.

www.ingramcontent.com/pod-product-compliance
Ingram Content Group UK Ltd.
Pitfield, Milton Keynes, MK11 3LW, UK
UKHW021856190726
13855UKWH00001B/347

TRADUCTION
TURKE

Des Pièces relatives à la Procédure et au Jugement de SOLÉYMAN ÉL-HHALEBY, *assassin du* GÉNÉRAL EN CHEF KLEBER.

فرانچه سرکرده‌لرندن

قله‌بر

اسميله مشهور سرکرده‌نك

قاتلى اولان سليمان نام چلبى حقنده
وقوع بولان فحص وتفتيش وحكم شرعى
حاوى اوراقك مجمعيدر ✿

✿ مصر قاهره‌ده ✿

✿ فرانچه جمهورنك باصمه سنده‌در ✿

✿ فرانچه جمهوريتك سكز سنه سنده‌در ✿

فرانچە سرگردەلرندن قلەبر

نام جنرالك جنازەسى اوزرينه واقع اولان تفتيشك بيان نامه سيدر

ايشبو فرانچه جمهوريتك سكز سنەسي ماه پرەريالك يكرمى بشنجى گونى بزكه العند امضالو حكيم باشى وجراح باشى غايب اولوب حالا جراح باشى ايزگرك طبل فقنه

صوڭندن ګرك فرانچه سرګردهلرندن قلهبــر
مومى اليه حالا قتل اولــنــدى صــداى
عامه سيندن مصرده ازبكيهده واقــع اولان
فرانچه سرګردهلرينه مخصوص اولان مــنزلــه
ګلوب قلهبر مومى اليهى تسليم جان اتمهده
بولدق وبعد التفتيش والتامل ظاهر اولديكه
مومى اليه كسكين الت ايله ضرب اولنوب
درت يرده مجروح اولمشيدى اوّلكى جرح
بطنك اوست جانبنى كچوب قلبك صاغ
طرفنى تاثير ايدر ايكنجى بش برمق قدر
اوّلكى جرحدن الت طرفدهدر اوچنجى جرح
صول قولده دردنجى صاغ اويلق وسطندهدر
وبويله اولوب فرانچه بيوك جنراللرندن
سرګرده كتخداسنه تسليم اولنمق ايچون
بزمله معا امضاسى تحرير ايدن امناى نزلدن

سارتلون نام نزل امینی شق ثانی مواجههسنده ایشبو بیان نامه تحریر اولندی

تحریرًا بمصر فی المنزل المزبور فی السنه والیوم المذکورین اعلاه

ممضی فی اصله

دژنط ✿
قازابیانقا ✿
سارتلون ✿

فرانچه مهندسلرندن

پروته‌ن

ذام مهندس جرحلرینك بیان
نامه سیدر

ایشبو فرانچه جمهوریتك سکز سنه‌سی ماه پرریالك یکرمی بشنجی کونی اوچ ساعت اویله‌دن صکره بزکه التنده امضالو حکیم باشی وحالا جراح باشی ایز سارنلون نام نزل امینی طرفندن کندیمزه خطابا واقع اولان

طلب لسانى موجبنجه سركردهٔ قلعه بر مومى
اليهه امداد ويره رك كنديسنك يانندە مجروح اولان
مصرده مقيم فرانسز علماسندن پروته ن نام
مهندس جرحلرينك حالنى حاوى بو بيان
نامهٔ اندك وبويله اولوب سركرده كتخداسى
منزلنك اوطه لرندن بر اوطه ده پروته ن مزبورى
التى يرده بر كسكين الت ايله مجروح بولدق
اوّلكى جرح تولوبلرينك دريسنى واتنى يرتوب
طمرينك اوك طرفنى كسدى ايكنجى جرح
كوچك پرمغنه قرشى موجود كمكنك بر
قطعه سنى ايردى اوچنجى جرح صدرينك
صول وارد طرفنده دردنجى جرح صلبنك صول
طرفنده در بشنجى جرح چكه سينك صول
كوشه سنده در التنجى جرح صول طرفنده صدرينك
سكرلواتلرينى تا ثير اتدى واشبو بيان نامهٔ

اثبات اتمك ايچون سارتلون نام فرل امينى ايله اوزرينه امضامزى تحرير اندك

تحريرًا بالمعسكر فى مصر فى السنة واليوم والساعة المذكورة اعلاه

ممضى فى اصلــه

دزنط ٭

قازابيانقا ٭

سارتلون ٭

سليمان نام حلبي شقي به خطابا واقع

اولان اوّل سوالّلري حاوي بيان نامه‌درر

ايشبو فرانچه جمهوريتك سكز سنه‌سي ماه
پره‌ريالك ايكرمي بشنجي گوني فرانچه بيوك
جنراللرندن اولوب مصرده اولان فرانچه
سركرده سنك كتخداسي اولان داماس نام
جنرال منزلنده قلمه‌بر مومي اليه سركرده

قتل ایتدیکی تهمتیله متهم بر نفر عرب ایچ سلطانلردن بر رتبه‌لو سلطات وساطتیلــه احضار اولندی قلـه‌بـــر مومی الیه قتل اولندیغی وقتده اونك یاننده بولنوب نیچه یرده جرح اولنان پروتله‌ن نـــام مهندس شقیء مذبوری کوروب طانندی وبوندن ماعدا شقیء مربوری جیزه‌دن قلـه‌بر مومی الیه بلا فصل اردینه کتدیغی مشاهده اولنوب مومی الیهی قتل ایتدیکی بغچه‌ده شقیء مذکور صقلانمش بولنوب کرك مومی الیهی قتل ایتدیکی خنجر وکرك کندی‌یه متعلق اولان بعض یرتلمش اسباب شقی مذبوراخذ اولندیغی یرده بولندی وبویله اولوب

مصرده اولان فرانچــه بیوك جنراللرندن الك قدیم جنرال منو نام بیوك جنرال امریله

کائم

کاتم آلـسز اولان باش ترجمان براچویك
نام ترجمان وساطتیلـه ذکر اولنه‌جـق
سوألّر واقع اولدقده جنرال منو موسی الیهك
تنبیهی موجبنجـه مذکور سوألّر وجوابلرك
مضمونی سارتلـون نـام نـزل امینی شـق
ثانی طرفـندن بیان اولنه‌چق وچهلـه تحریـر
اولندی

اسمك وصنعتك نه‌در ونه‌یرده یرلنمش‌سن
وقاچ یاشکده‌سن دیو سلیمان نام شقی‌یه
سوال اولندقده

اودخی اسـم سلیـمان‌در یـگرمی درت
یاشمده‌یم لسان عربی کاتبی‌یم وسابقا حلبده
یرلنمش ایدم دیو جواب ویردی

نه زماندن برو مصرده بولنورسن دیـو
سـوال اولـنـدقـده

اودخی بش آیدن بری مصرده یم ومدینه‌ٔ
مزبوره‌یه برکاروان ایله کلدم وکاروانك باشی
شیخ العرب اولان سلیمان برجی‌در دیو
جواب ویردی

نه دیندن سن سوال اولندقده

اودخی بن مسلمانم واوچ سنه قدر مصرده
اوتردم واوچ سنه مکه ومدینه‌ده قعود اندم
دیو جواب ویردی

صدر اعظمی طانرمیسن وبو یقینلرده اونی
کوردکمی دیو سوال اولندقده

بنم کبی بر عرب صدر اعظمی طانمز دیو
جواب ویردی

مصرده خصوصا بلدیکك کم‌در دیو سوال
اولندقده

اودخی کمسه‌ٔ خصوصا بلمنم امّا جامع

الازهر قربنده چوق اوتردم وهپسی بنی بلدرلر

وبنی ای آدم بلن چوق آدم واردر جواب ویردی

بو صباح جیزه‌یه واردیکمی دیو سوال اولندقنه

اودخی اوت بو صباح جیزه‌یه واردم وبر کمسنه یه‌بر مکتوب یازجق نیتیله واردم امّا بر کمسنه بولمدیم که‌بکا بر مکتوب یازدرسون دیو جواب ویردی

سنی بو کونلرده یازدران کم ایمش دیو سوال اولندقنه

بنی یازدران هپسی کندیلر دیو جواب ویردی

نه اصل ممکن در که کچنلرده یازدیغک ادملردن بریسنی بلمزسن ونه اصل ممکن درکه

یازدیغك ادملـر جملەسی کندیلر دیو سوال اولندقده

اودخی بنی یازدران ادملری بلمم وممکن دکلدرکه اسملرینی خاطرمه کتورەیم دیو جواب ویردی

الك صوك دفعه سنی یازدران کمدر دیــو سوال اولندقده

اودخی برکمسه بنی جیزەدە یازدرمدی امّا الك صوك دفعه بنی یازدران محمد مغربی نام عـرق الســوس صاتیجیسیدر دیو جـــواب ویردی

جیزەیه واردیغـك سبب نـــەدر دیو تکرار سوال اولندقده

اودخی کتابتە متعلق برشغل بولمق ایچون جیزەیه واردم دیو اوّلکی کبی جواب ویردی

سرگرده بغچه سنده نه‌وچهله اخذ اولندك
ديو سوال اولندقنه
اودخی بغچه‌ده بن اخذ اولنمدم امـا
اولوپولیده بنی طوتمشلر ديو جواب ويردی
حقه مغاير جواب ويررسن زرا ايچ سلطانلری
سنی بغچه‌ده صقلانمش بولوب اخذ ايتديلر
وگورديككه خنجر كذلك بولديلر ديو سليمان
مزبوره سويلندكده
اودخی اوت بغچه‌ده‌ايدم اما صقلانمش دگل
ايدم بلكه اتلو سولطانلر هرچقه‌جق يری
محافظه ايدوب مصر ايچينه گيده‌مديغمدن
اوذری بغچه‌ده اوترمشيدم وبنم خنجرم يوق
ايدی واگر بغچه‌ده بر خنجر واريسه بلمم
ديو جواب ويردی
نه سببدن صباحدن برو سرگرده‌نك

قفا سندن ایریلمدك دیو سوال اولندقده

سرکرده‌ٔ کورمکه حظ ایتدیکم سببدن

وراسنه کیدردم دیو جواب ویردی

بو بشیل چوقه‌نك انکی که لبس ایتدیکك

قوشاغك کویا بر قطعه سی دربغچه‌ده سرکرده

مومی الیه قتل اولندیغی یرده بولندی

سنککی دکلمیدر دیو سوال اولندقده

بکا متعلق دکلدر دیو جواب ویردی

جزیره‌ده کمسه ایله سویلشدکمی وجزیره‌ده

ایکن نره‌ده یاتدك دیو سوال اولندقده

اودجی بر قاچ شی اشترا اتمك ایچون

الجق صاتجیسیله سویلشدم وجزیره‌ده بر

جامعده یاتدم دیو جواب ویردی

باشکده‌کی اولان جرحلردن اثبات اولنورکه

سرکردهٔ مومی الیهی سن قتل ایتدك زیرا

مومی الیه‌له بولندان پروته‌دن نام مهندس سکا بر قاچ دکنك اوروب سنی جرح ایتدی ومهندس مزبور سنی طاندی دیو شقی مزبوره سویلند کده

اودخی اخذ اولندیغم وقتده جرح اولندم دیو جواب ویردی

بو صباح حسین کاشف ایله وکاشف مرقومك مملیکلریله سویلشکمی دیو سوال اولندقده

اودخی کرك کاشف مرقومی کرك مماليكلرینی کورمدم واونلردن کمسه ایله سویلشمدم دیو جواب ویردی

بویله اولدقده سالف الذکر اولان سلیمان نام شقی انکارنده معندا اولوب بو مملکتك عادتنجه ضرب اولنسون دیو جنرال منو

موسى اليه امر ويردى وبناءً على ذلك ضرب اولنوب حقنده اولديغنى اقرار اتمكده حاضريم ديو سليمان نام شقى سويلديكى كبى بند وزنجيردن خلاص اولنوب كندويه خطابا ذكر اولنه‌جق سوالات تكرار واقع اولدى

نه زماندن برو مصره كلدك ديو سوال اولندقده

اودخى اوتوز بركون واردر غزه‌دن هجن ايله التى كون ظرفنده مصره كلەلو ديو جواب ويردى

نه سببدن كلدك ديو سوال اولندقده

سركرده قتل اتمك ايچون كلدم ديو جواب ويردى

سركردهٔ موسى اليهى قتل اتمك ايچون سنى كوندرن كمدر ديو سوال اولندقده

اودخى يكنيچرى اغاسى بنى كوندرمش وعساكر

وعساكر اسلام مصر اقليمندن رجوع
ايتدكدنصكره جانبندن بر نفر طلب ايتديلركه
فرانسز سركردهٔ قتل اتمكه قادر اوله وبويله نفره
كرك مناصب حربيهدن بر منصب توجيه
كرك نقود اعطا اولنهجق وعد اولنهرق واول
وقتده بو خصوص ايچون كنديمى تقديم ايتدم
ديو جواب ويردى

سنى مصرده توصيه ايتدكلرى كمدر سنك
قصدكى بر كمسهيه سويلدكمى ومصره كلهلو
سنك ياپديغك نهدر ديو سوال اولندقده

اودخى مصرده بر كمسهيه توصيه اولنمدم
وفقط بيوك جامعه وازهر جامع مزبورده اقامت
ايتدم واورهده ايكن مشايخ الدينيدن اولان
سيد محمد عسلى نام وسيد احمد الوالى نام
وعبد الله الغزى نام وسيد عبد القادر الغزى

نام ایشبو جامع مزبورده ساکن اولان
درت شیخ کوردم ومذکور اولان شیخلر بکا
نصیحت ویردیلرکه بنم نیتمی اجرا اتمهیم زیرا
بو ممکن دکلدر وسنی قتل ایدرلر وسندن غیری
برکمسه نك عهدسنه بویله مصلحت ارتکاب
اینه بلوردی بکا دیدیلر ومع کل ذالك هرکون
مزبور شیخلرایله بنم قصدمه متعلق صحبت
ایدردم ودون مزبورلره دیدمکه بنم نیتمی قوندن
فعله کتوروب تأخیر اتمیه‌رك فرانسز سرکردهٔ
قتل اتمکه استرم وبعده بنم نیتمی اجرا اتمك
ممکن ایسه کورمك ایچون جیزه‌یه واردم
وجیزه‌ده ایکن سرکرده‌یه مخصوص اولان کمینك
کمیجیلرندن سرکرده طشاره چقرمی سؤال اتدم
واونلر دخی اوندن نه استرسك جواب ویروب
اونکله سویلشمکه مرادم واردیدم اونلر دخی

هرکیجه بغچه‌یه کلر بکا سویلدیلر وبو صباح مقیاس ومصر طرفنه متوجه اولان یعنی سرکرده کوردم وموسی الیه قتل اندنجیه‌دك قفاسندن ایریلمدم دیو جواب ویردی

وایشبو بیان اولنان سواللر مصرده اولان فرانچه جنراللری واوفیچیاللری مواجهه‌لرنده جنرال داماس موسی الیه منزلنده جنرال منو موسی الیه امریله وقوع بولوب جنرال موسی الیه وسارتلون نزل امینی طرفلرندن بالاذه ذکر اولنان کونده ختم وامضا اولندی

شقی سلیمان نام عربجه امضاسنی یازمشدر

ممضی

بیوك جنرال منو
بیوك جنرال فریان

بیوك جنرال رینیه

بیوك جنرال داماس

ادژودان جنرال موراند

ادژودان جنرال مارتنه

ادژودان جنرال والانتین

لەروی

سارتلون

پاینسته ساذتی لوماکا ترجمان

پنی رەنو ترجمان

دامیەن براچویش سرکردەنك ترجمانی

متهم اولان اوچ شخصه خطابا وقوع

بولان سؤاللرايله جوابلريني حاوى بيان نامه‌در

ايشبو فرانچه جمهوريتك سكز سنه‌سى ماه يره‌ريالك يكرمى بشنجى كونى درت ساعت نصف ليله‌دن اوّل جنرال انشف قلعه‌بر نام جنرال قتلى امرنده سليمان نام شقى ايله اتفاق اوزره اولديغى تهمتيله متهم اولان

سيد عبد الله غزى نام ومحمد الغزى نام وسيد احمد الوالى نام اوچ شيخ مصرده بولنان فرانچه عساكرينى حكم ايدن جنرال منو نام جنرال منزلنه احضار اولندقدنصكره منزل مزبورده بو سببدن جمع اولنان نيچه جنرال مواجهه لرنده جنرال منو مومى اليه امريلـه لوماكا نام ترجمان ترجمه ايدرك مزبور شيخلره خطابا ذكر اولنه جق سواللر بو وجهله حاصل اولدى وسيد عبد الله غزى طرفنه خطابا سواللر ابتدا بو وجهله ايدوب وقوع بولدى

اسمك وصنعتك نه در وقاچ ياشكده سن سيد عبد الله مزبوره سوأل اولندقده

اودخى اسمم عبد الله در غزه ده دوغمشم التى سنه دن برو مصرده يرلنمشم وجامع الازهر

نام بیوك جامعده اوتروب قرآن اوقورم امّا نه‌یاشنده اولدیغمی صحیح بلمم انجق ظنّ ایدرم‌که اوتوز یاشنده‌یم دیو جواب ویردی

جامع مزبورده دائما ساکن اولورمیسن وجامع مزبوره کلان یبانجیلردن خبرك وارمی دیو سوال اولندقده

اودخی کیجه کوندوز جامعده اوتوررم وکوردیکم یبانجیلری طانمق المدن کلمز دیو جواب ویردی

بر ایدن برو شام طرفندن کلان یولجیلردن بر کمسه بلدککمی دیو سوال اولندقده

اودخی اللی کوندن برو شام طرفندن کلان کمسه‌ء کورمدم دیو جواب ویردی

اوتوز کوندن برو اوردودن کلان بر کمسنه سنی بلمکله اقرار ایدر وسنی عجبا یالان

سویلرسن دیو عبد الله مزبوره سویلندکده
اودخی بن کندیم صنعتمده انجق مشغول ایم شامدن کلان کمسه‌ء کورمدم اما شرق طرفندن بر کاروان کلدیکنی ایشتمشم دیو جواب ویردی
شامدن کلان کمسه‌لر سنی بلوب سنکله سویلشدیکلرینی اقرار ایدیورلر دیو عبد الله مزبوره سویلندقده
اودخی بو ممکن دکلدر وبونی سویلینی یمم ایله سویلتسکز راضی ایم دیو جواب ویردی
اونوز کوندن برو شامدن کلان حلبی سلیمان نام عرب‌چه کاتبی بلمه‌میسن دیو سوال اولندقده
اودخی بلمم دیو جواب ویردی
مذکور سلیمان سنی کوروب سکانیچه مهم اموره

اموره دایر اسرار کشف اندیکنی اقرار ایدر دیو عبد الله مزدوره سویلندکده

اودخی بن سلیمان مزدوری کورمدم آنجق او یالان سویلمه‌در واکر سویلدیکم حق اولمزایسه اولمکه راضی‌یم دیو جواب ویردی

بوندن صکره جنرال منو مومی الیه امریله بالاده ذکر اولنان محمد غزی بلا تأخیر احضار اولنوب بو وجهله سوال کندویه خطاب اولدی

اسمک نه‌در وصنعتک نه‌در واوک نره‌ده‌در وقاچ یاشکده‌سن دیو سوال اولندقده

اسمم محمد غزی یکرمی بش یاشمده‌یم غزه‌ده دوغمشیم مصرده یرلشمشایم قران اوقیوب بش سنه‌دن برو جامع الازهرده اوتورورم ولازم اولان ایمک المق ایچون جامع مزبوردن

D

انجق چقارم دیو جواب ویردی

جامعه بیتوتن امکه کلان بیانچیلری بلرمیسن دیو سوال اولندقده

اوچنجی درقاچ دفعه جامع مزبوره بیانچیلر کلر اما بواب ایشی بودر بورادن کاه جامعده وکاه شیخ شوقاوی اونده بیتوتت ایدرم دیو جواب ویردی

بو ایدن برونچینا شامدن کلان سلیمان نام برکمسه بلرمیسن دیو سوال اولندقده

اوچنجی بو ادمی بلمم وجامع بیوك اولدیغندن جامعه کلان هرکمسه بلنمم دیو جواب ویردی

جامعده سنکله سویلشدیکنی مزبور سلیمان اقرار ایدر وبو سببدن سکانه سویلدیکنی اقرار ایله دنیلدی واول وقتده محمد مزبور دیمشکه

اوچ سنەدن برو سلیمان مزبوری بلرم اونك مكەیە واردیغنی بلرم واول زماندن برو اونی كوردیكم یوقدر واكر رجوع ایتدیایسە هیچ خبرم یوقدر

بعدە سید عبد الله غزی سلیمان مزبوری بلدیكی دیو محمد مذكورە سوال اولندقدە

اودخی اوت بلدی دیو جواب ویردی

دون سلیمان ایلە چوق صحبت ایتدیكك اثبات اولندی دیو سویلندكدە

اودخی اوت صحبت ایتدم دیو جواب ویردی

سلیمان مذبوری كورمدم دیو ابتدا نیچون سویلدك سوال اولندقدە

اودخی بونی سویلدیكمی ظن اتمم انجق ترجمانلر الدانمش دیو جواب ویردی

برغایت تهمتلو عملە متعلق صحبت سلیمان

مزبور سنكله اتديكنى بلرز وبو خصوصه هيچ برشى در
زيرا سن سليمان مذكورى ذكر اولنان ماده‌دن
منع ايتمكه استدك ديو سويلنديكده

اودخى بوكا متعلق هيچ برشى بلمم انجق
بلدم‌كه سليمان مزبور نيچه دفعه مصره كلدى
وبر ايدن برو مصرده اوتوريور ديو جواب ويردى

سليمان مزبور فرانسز سركرده‌ى قتل ايتمكه
استرم سكا سويليوب وسن دخى بويله
حركتدن اونى منع ايتمكه استديكك عندمزده
اثبات اولندى ديو بيان اولندقده

اودخى مزبور سليمان بوكا داير سوز بكا
سويلديكى يوقدر انجق دون بكا ديديكه كيدرم
اما بر دخى دونمم ديو جواب ويردى

بويله اولوب بالفعل ذكر اولنان عبد الله
غزى تكرارا احضار اولندى وكندويه خطابا

ذکر اولنجق سواللر بوبلـه حاصـل اولدی

اوتوز بر کوندن برو هر کون سلیمان مزبوری
کوروب وکندی ایله سویلشدیکـك اثبـات
اولندقـده سلیمان مزبوری بلمم نیچـون
سویلدك دیو عبد الله مذکوره سوال اولندقده

اودخی اوت سلیمان مزبوری بن بلمدیکم
محیجدر دیو جواب ویردی

سنك کبی جامع ازهرده قران اوقویـان
محمد نام غزی بلرمیسن دیو سوال اولندقده

اودخی اوت بلرم دیو جواب ویردی

وبوبله اولدقده ذکر اولنان عبد الله ومحمد
غزی برادرجه اولوب بو وجهله اظهار حـق
ایچون ایکیسی سوال اولندی

سلیمان مزبوری سید عبد الله بلدیکنی سن
سویلمدکمی دیو محمد غزی‌یه سؤال اولندقده

اودخی اوّت سویلدم دیو جواب ویردی

نیچون حق انکار ایدرسن دیو عبد الله سوال اولندقده

اودخی شمدی بکا اولنان سوال ابتدا ایجه بیان اولنمدی وحالاکه سلیمان حلبیدن بکا سویلیور سکز اوّت بن اونی بلرم دیو جواب ویردی

چوق دفعه سلیمان مزبوری کوروب اونکله سویلشدیککی بلرز دیو عبد اللهه بیان اولندقده

اودخی اوچ کون واردرکه سلیمان مزبوری کورمیلو دیو جواب ویردی

جنرال انشف قلهبر مومی الیه قتل اتمهدن سلیمان مزبوری منع اتمکه اشهدکمی سوال اولندقده

اودخی بوکا دایر برسوز بکا سویلدیکی

یوقدر واکر سویلسه ایدی قادر اولدیغم قدر اونی منع ایدردم دیو جواب ویردی

سلیمان مزبور بونی سکا سویلدیکی انبات اولندقده نیچون حقه مغایر جواب ویررسن دیو سوال اولندقده

اودخی بویله شی ممکن دکلدر بن سلیمان مزبوره راست کلدیکم وقتده بربریمزه سلام ویردك وسلیمان مذکوری بنم بلدیکم انجق بودر دیو جواب ویردی

مصره کلدیکی سبب نه اولدیغنی سلیمان مزبور سکا سویلمدیمی دیو سوال اولندقده

اودخی اصلا بو ماده یه متعلق بکا برسوز سویلدیکی یوقدر دیو جواب ویردی

بوندنصکره کرك عبد الله کرك محمد غزی مذکوران اخراج اولنوب وسید احمد الوالی نام

احضارومزبوره دخی بو وچهله سواللر حاصل اولـــدی

اسمك وصنعتك نه‌در اوك ذره‌ده‌در وقـــاچ یاشنده‌سن دیو احمد الوالی مزبوره سوال اولندقده

اودخی سید احمد الوالی اسمم‌در وغزه‌ده دوغمشیم قاچ یـــاشمده اولدیغمی بلمم واون سنه‌دن برو جامع ازهر نـــام‌بیوك جامعده قران اوقورم دیو جواب ویردی

جامعه وصول بولان یبانجیلری بلرمیسن دیو سوال اولندقده

اودخی بنم ایشم قران اقومق‌در یبانجیلردن هیچ قارشمم دیو جواب ویردی

بر قاچ زماندن برو واصل اولان یبانجیلر سنی جامعده گوردگلرینی اقرار ایده‌یورلر دیـــو احمد مزدوره بیان اولندقده

اودخی

اودخی بن برکسه کورمدم دیو جواب ویردی سنی بلمکه اقرار ایدوب شامدن واصل

وصدر اعظم طرفندن مصره ارسال اولنان بر ادمی کوردکمی دیو سوال اولندقده

اودخی یوق کورمدم وبمله معًا سویلنمك ایچون مذکور ادمی احضار ایده بلرسکز دیو جواب ویردی

سلیمان نام حلبی بر ادم بلرمیسن دیو سوال اولندقده

اودخی مصرده موجود اولان افندیلردن بر افندیدن درس المغه واران سلیمان اسمیله معروف بر ادم بلرم وسلیمان مزبور جامعلره کیرمکه قصد ومراد اولدیغنی بلرم وبکا دیدیکه بن حلبلی یم وصدر اعظم یافهده اولوب عساکرینه علوفه ویرمدیکندن مومی الیهی

عسكرلرينك بر جانبى ترك ايدەيورلر اما يكرمى كوندن برو سليمان مذكورى كورديكم يوقدر ديو جواب ويردى

سنى ذكر ايدن بو سليمانى حمايت ايدرميسن ديو سؤال اولندقده

اودخى اولقدر اونى بلمم كه اوكا كفيل اولايم ديو جواب ويردى

ذكر اولنان عبد الله ايله محمد غزى بلەزميسن واز زماندن برو وخصوصا دون اوچكز سليمان مزبورايلة سويلشمدكزمى ديو سؤال اولندقده

اودخى يوق سويلشمدك انجق سليمان مزبور جامعه كلوب دعالر قلديغنى واللهه توكل ايتديكنى حاوى بر قاچ كاغدلر جامع دوارلرينه ياپشدرديغنى بلدرم ديو جواب ويردى

دون بو مقوله کاغدلر یاپشدرمغه گلدیمی
دیو سوال اولندقده
اودخی بلمم دیو جواب ویردی
بر غایت تهمتلو عمل اتمه‌دن سلیمان
مزبوری منع اتمکه استمدکزمی دیو سوال
اولندقده
اودخی سلیمان مزبور بکا بویله‌شی
سویلدیکی یوقدر انجق دلیلک اتمک مرادی
اولدیغنی بکا سویلدی ودلیلک اتمه‌دن اونی
منع اتمکه استدم دیو جواب ویردی
سلیمان مزبور سکا سویلدیکی دلیلک
نه‌جنس دلیلک ایدی دیو سوال اولندقده
اودخی جهاد اتمکه باشلایغم سلیمان
مزبور بکا سویلیوب ومسلمان اولمیان درکمسه
قتل اتمک جهاد اولورف اگرچه فلانی قتل

اتمكه نيتم وار بكا سويلمدى ايسه دخى فرانسزلره الله تعالى قدرت وقوت ويروب بر كمسنه مملكتى حكم اتمدن مذبورلرى منع ايده مز ديو سليمان مزبورى جهاددن منع اتمكه سعى اتدم ديو جواب ويردى

وبوندن صكره ذكر اولنان احمد الوالى اخراج وكما فى الاول حبس اولنوب جمع اولنان جنراللرك مواجههلرنده ايشبو بالاده ذكر ايده يكمز اوچ شيخه خطابا واقع اولان سواللرايله جوابلرينى حاوى بيان نامه ختم وكرك جنرال منو مومى اليه كرك جنرال مومى اليهك امريله ايشبو بيان نامه تحرير ايدن سارتلون نام نزل امينى شق ثانى طرفلرندن امضا اولندى وايشبو بيان نامه مذكور اولان اوچ شيخه اوقوندقده مضمونى حق اولديغنى

اقـرار ايـدوب امـضـالـريـنى يـازديـلـر

تحريرًا بمصر فى اليوم والشهر والسنة المذكورين اعــلاه

ممضيين بالعربي اوچ شيخ اسملرى

وبعدهم

مـــنـــو بيوك جنرال ✿
وسارتلون ✿
وسانتى لوماقا ترجمان ✿

حالا مصر اقلیمنده موجود اولان عساکر فرانساویه

حکم ایدن منو نام بیوك جنرال امر ایتدی که

اولا ماه بره‌ریال یکرمی بشنجی کوننده واقع جنرال انشف قله‌بر نام جنرالك قتلی ضمننده قطعا حکم شرع اتمك ایچون مخصوص قاضیلر نصب اولنه

ثانیا

مذکور اولان قاضیلر طقوز اوله یعنی

بیوك جنرال رەنیه

بیوك جنرال فریان

جنرال رودین

اژودان جنرال موران

اوچ بیك باشی غوغه

اوچ بیك باشی فور

اوچ بیك باشی برتران

نزل امینی شق ثالث رەجنیه

بحر امینی لەروی

وبونلردن ما عدا نزل امینی شق ثانی صارتلون نام مبلغ مراسمنی اجرا ایلیه وفرانچه محکمه سنك وکیلی لەپەر نزل امینی شق ثالث اوله

ثالثاً

ذکر اولنان قاضیلر استدکلری شخصی

بو محکمه‌نك کاتبی اولمق ایچون نصب ایده‌لر

رابعاً

سالف الذکر قاضیلر جنرال انشف مومی الیهك کرك قاتلنی کرك قاتل مزبوراپله اتفاق اوزره اولانلری بلمك ایچون کوزحبسی وحبسی ونه لازم کورد کلرینی امر ایده‌لر

خامساً

جنرال انشف مومی الیهك قاتلنی وقاتل مزبور ایله اتفاق اوزره اولانلری تعذیب اتمك ایچون ذکر اولنان قاضیلر نه جزای شر مناسب کورد کلرینی حکم ایده‌لر

سادساً اشبو ماه پره‌ریال یکرمی اتنجی کونی ذکر اولنان قاضیلر جمع اولنوب جزای

شرنه

شرنه اولاجغنی قطعاً حکم وفصل ایدنجیه‌دك
هریوم عقد مجلس ایده‌لر

ممضی فی اصله منـــو ✿

طبق لاصله.
ممضـی اژودان جنرال ووکیل کتخدای
جنرال انشف ره‌نـــه ✿

ایشبو فرانچه جمهوریتنک سکزنجی سنه‌سی

ماه پره‌ریالک یکرمی التنجی کونی مصر اقلیمنده موجود اولان عساکر فرانساویه‌ء حالا حکم ایدن منــو نام دیوك جنرالك بالاده ذکر اولنان تاریخ ایله مورّخ امری موجبنجه جنرال انشف قلهبر نام جنرالك قتلی ضمننده قطعًا وفصلًا حکم شروع اتمك ایچون رودین نام جنرال وله‌روی نام بحر امینی وفریان نـام

بیوك جنرال یرنده جنرال منو امرینه
کوره اثرودان جنرال مارتنه واثرودان جنرال
موران واوچ بیك باشی غوغه واوچ بیك
باشی فور واوچ بیك باشی برتران ورەجنیه نام
نزل امینی شقّ ثالث وصارتلون نام مبلغ
نزل امینی شقّ ثانی وفرانچه محکمه سنك
وکیلی مراسمنی اجرا ایدن لەپەرنام نزل امینی
شقّ ثالث رەنیه نام بیوك جنرال منزلنده
جمع اولنوب جنرال رەنیه مومی الیهك
ریاستیله وذکر اولنان قاضیلر مواجهه لرنده
بالاده بیان اولنات جنرال منو مومی
الیهك امری قرأت اولندقده

ذکر اولنان امرك اوچنجی ماده‌سی
موجبنجه بو مخصوص نصب اولنان محکمه‌نك
کاتبی نامیله پینه نام نزل امینی شقّ ثالث

تسمیه اولنوب مزبور بینه لازم کلان یمین اتدکدنصکره منصبنك مراسمنی اجرا اتمکه شروع ایتدی ویوندن ماعدا جنرال انشف قلهبر مومی الیهك قاتلی واونکله اتفاق اوزره اولانلری بلمك ایچون بالاده بیان اولنان امرك دردنجی مادهسی موجبنجه کرك کوز حبسی کرك حبس ونه مناسب کوردکلرینك اجراسنی حکم اتمکه جنرال رهنیه مومی الیه وصارتلون نام مبلغ ذکر اولنان قاضیلر طرفلرندن مرخص اولدیلر ومزبور قاضیلر امر ایتدیلرکه سلیمان نام متهم الیقوندیغی زمان یانندە موجود اولان خنجر اثبات حق ایچون زمان ومکان مناسبده کوستریلدیکی ایچون محکمه اوطاسنده وضع اولنا وبوبله ایکن ذکر اولنان قاضیلر فردایه

درت ساعت اویلەدن اوّل تکرار عقد مجلس اتمکـه تعویق ایـدوب اسملرینی محکمه کاتـبی ایله معًا امضا ایتدیلر

ممضین

رجنیه نزل امینی شف ثالث
اوج بیك باشی برتران ٭
اوچ بیك باشی فور ٭
اوچ بیك باشی غوغه ٭
اتزودان جنرال موران ٭
اتزودان جنرال مارتنه ٭
بحر امینی لـــەروی ٭
جنرال روبین ٭
بیوك جنرال رەنیه ٭
پینه کاتب ٭

شاهدلرك اقرارلريني حاوي بيان نامه‌در

ايشبـــو فرانچـــه جمهوريننك ســكزسنه‌سى ماه پره‌ريالك يكرمى التنجى كونى بن‌كـــه العنده امضالو نزل امينى شقّ ثانى‌ايم جنرال انشغ قله‌بر نام جنـرالك قاتللرى حقلرنده حكم شرع اتمكه مأمور اولان قاضيلر عندنده جنـرال مــنو امرى موجبنجه مبلّــغ مراسمنى اجــرا ايتديكمدن بومخصوص نصب

اولنان محكمه‌نك كاتبى پيبه نام حاضر اولوب
ايكى سلطانلردن طوپلر اعمالنه مأمور يوسف
پرّين نام رتبه‌لو سلطات حضورنده اظهار
اولنوب اقرار ايتديكه قله‌بر مومى اليهى قتل
ايتديكى تهمتيله متّهم اولان سليمان نام
عربى اليقودى وشقىّ مزبورى اليقوديغى
وقتده روبر نام رتبه‌لو سلطات ايله معًا بولندى
وجنرال داماس بغچه‌سنه بتشك فرانسز
حمامنه متعلّق بغچه‌ده يارم يقيلمش ديوارلر
اراسنده صقلانمش سليمان مزبورى بولديلر
وذكر اولنان ديوارلر انواع يرلرده قان ايله
بولاشمش كورديلر وشقىّ مربور خون آلوده
ايدى واول حالده مذكورى اليقويوب اونى
يورتمك ايچون نيچه دفعه قليچ ايله اورديلر
وبوندن ماعدا ذكر اولنان پرّين اقرار ايتديكه

سلیمان نام شقی الیقودیکی یردەبر ساعتدن
صکره نرابدە صقلانمش برخنجر خون آلودە
بولوب سرکردە کتخداسنك اوقیجیاللرینه
خنجری تسلیم ایدی وبویله اولوب ده اقرار
ایتدیکی پرین مزبوره قرأت اولندقده اقرار
ایتدیکمدن زیادە نه اکسك بلمم وبر سوز
سویلەجکم قالمدی دیو محکمەنك کاتبی ایلە
وردم ایله معا امضاسنی یازمش

ممضی

پرین مارشال دە لوجیس شف ☆
سارتلون ☆
چینغه محکمەنك کاتبی ☆

وبعده روبرنام رتبەلو سلطانه دیجی حضورنده
اظهار

اظهار اولنوب اقرار ایتدیکه قله‌بر مومی الیهك قاتلنی تفتیش ایده‌رك جنرال داماس بغچه‌سنه بتشك اولوب فرانسز حمامی اوینه متعلق بغچه‌یه کیروب بردن نام رفیقیله معاً اولوب یقیلمش دیوارلر اراسنده برکوشه‌ده صقلانمش سلیمان نام حلبی بولدی واقرار اتدیکه سلیمان مزبور خون الوده اولوب یشیل چوقه‌نك اتکی بر قطعه‌سندن بشقه باشنده برشی اولمدیغندن بویله اسبابلرده ایکن سلیمان مزبور سرکرده‌نك قاتلی اولدیغنی ظن ایتدی وبوندن ما عدا ذکر اولنان روبر اقرار ایتدیکه سلیمان نام شقی کچنیکی دیوارلر قانه بولاشمش ایدیلر وشقی مربور زیاده سیله خایف اولدیغنی اظهار اتدی واقرار اتدیکه شقی مذکور بر ساعت الیقوندقدنصکره

سـركرده‌نك كتخداسى افجيبيا للرينه تسليم ايتديكى خون السود خنجرى شقى مرقوم صقلانمش اولان پرده پرين ايله بـرابر اولوب بولدى واقرار انده‌يكه ذكر اولنان خنجر تراب ايچنده دفن اولنمشيدى وبوبله اولوب نه‌اقرار ايتديكى روبر مذكوره قرات اولندقده اقرار ايتديكم مجدر واقرار ايتديكمدن زياده نه‌اكسك برسوز سوبليجكم قالمدى ديو محكمه‌نك كاتبى وبنمله معًا امضاسنى يازمش

تحريرًا فى مصر فى السنه والشهر واليوم المذكورين اعلاه ۞

ممضى

روبر مارشال ده لوجيس ۞

سارتلون ۞

پينه كاتب ۞

وبوذكر ايتديكمز اقرارلردن صكره بنكه نزل امينى ومبلغ ايم جرح اولنديغى سببدن صاحب فرش اولان پروتهن نام مهندس اوينه واردم واورهده ايكن پروتهن مزبور ذكر اولنهجق اقرارلرى ايتدى

فرانچه علماسندن ينى قوسطانتين پرتهن نام مهندس اقرار ايتدىكه اوزبكيهيه نظير معسكر بغچهسنك بيوك دهليزنده جنرال انشف قلهبر نام جنرال ايله سير ايدر ايكن بر ساقيه بولنديغى ذكر اولنان دهليزدندن ترك اسباب ايله كيمش بر ادم چقدى وبعده اقرار ايتدىكه قلهبر مومى اليهدن بر قاچ خطوه بعيد اولوب قارشويه بقر ايكن يابكچيلر قلهبر مومى اليه چاغر ديغنى اشتدوب بونك

سببنی بلمك ایچون جنرال طــرفنه دونوب
ذکر اولنان شقی خنجر ایله موسی الیهی
جرح ایتدیکنی کوردیکی کبی امدادینه استعجال
ایدوب وشقی مزبوردن موسی الیهی صیانــت
اتمکه استدیکندن کندیسی دخی نیچه یرده
خنجــرایلــه جــرح اولندقده دوشوب نیچه
خطوه طپراق اوزرینه یوار لانمش وبوندن ماعدا
ذکر اولنان پروتهن اقرار ایتدی که قلهبر موسی
الیه تکرار چاغر دیغنی اشتدوب موسی الیهه
یاقلاشدقده شــقی مزبور موسی الیهی جرح
ایتدیکندن خالی المدیغنی کورب کندیسی تکرار
جــرح اولدیغندن بایلدی واقرار ایتدیکی
مــوادن بــر مــاده زیاده بلمکه قــادراولــه
مدیغندن انجق بلدرکه التی دقیقه قدر بردرلو
امدادسز نقدر چاغر دیلرایسه قالدیلر

وبويله اولوب نه اقرار ايتديكى پروتهن مزبوره قرأت اولندقده اقرار ايتديكم كبجهدر واقرار ايتديكمدن زياده نه اكسك سويليجكم بر سوز قالمدى ديو محكمه نك كاتبى وبمله معاً امضا سنى يازمش

ممضى

پروتهن ٭
سارتلون ٭
پينه كاتب ٭

وذكر اولنان اقرارى امضا ايتدكدن صكره پروتهن مزبور اقرار ايتديكى موادلره بو ماده‌يى دخى اقرار اتدى كه وقوع بولان جرح وقتل برقاچ دقيقه‌دن صكره كندوبه كوستريلان سليمان نام حلبى كورديكى كبى بالاده بيان

اولـنـان بغچه‌ده جنرال مـوسی الیهی وکندوسنی نیجه یرده خنجرایله جرح ایدن شقی سلیمان مزبـور اولدیغنی طندی واقرار ایده‌یکه موسی الیهی صیانت اتمك ایچون سلیمان مزبوره برقاچ دکنك اوردی وبویلـه اولدقده بو اقرار ایده‌یکی ماده‌لر پروته‌ن مزبوره دخی قران اولندقده تصحیحدر وبرسوز اکسك نه زیاده سویلیه‌کم یوقدر دیو محکمه‌نك کاتبی وبزمله معا امضاسنی یازمش

ممضی

پروته‌ن
سارتـلـون ✿
پینـه کاتـب ✿

ایشبو فرانجه جمهوریننك سکز سنه‌سی ماه پره‌ریالك یکرمسی التنجی کونی بن‌که بالاده وصف اولنان قاضیلر عندنده مبلّغ‌ایم سرکرده قله‌بر نام جنرالك ملازم اوفیچیاللرینی چاغردوب محکمه‌نك کاتبی بینه حاضر اولوب ذکر اولنه‌جق اقرارلری ایتدیلر سرکرده مومی الیهك ملازم اوفیچاللرندن یکرمی درت یاشنده اولان فورتونه‌ده ووجه نام اوفیچیال اقرار ایتدی‌که ماه پره‌ریالك یکرمی بشنجی کونی بر قاچ مطرح تعمیر اولنمسنی امر ایتدیکی اوزبکیه‌ده واقع معسکره واران جنرال مومی الیهی ترفیق ایده‌رك معسکر اوطالرینی جنرال مومی الیه سیر ایتدیکی وقتده بر یشیل شال ایله باشی صاریلمش وفقیر کبی کینمش برادم جنرال مومی الیهك

واسندن ایریلمدی وفعله‌دن بریسی در ظن‌یله برتمبسه کیدوب کلمسندن ادم مزبوری منــع اتمزدی وبوندن ما عدا ذکر اولنان مــلازم اقــرار ایتدی‌که معسکر بغچه‌سندن جنرال دامـــاس بغچه‌سنه جنرال مومی الیه عبور ایتدیکی زمان

ذکر اولنان آدم دایمـــا اردسره واردیغنی کوروب خدمه‌دن بــر خادم ایله ادم مزبوری قودرمش واول وقتده بالفعل کورمدی

وبوندن ما عدا اقرار ایتدی‌که ایکی ساعتدن صکره جنرال مومی الیه قتل اولندیغی وقتده مومی الیهك یاننده قالان لبس ذکر اولنان ادمك لبسی اولدیغنی ظاندی وبوندن ماعدا مــلازم مذکور اقرار ایتدی‌که از وقتدن صکره خــون الوده کتــور یلان ادم بــر خادم ایلــه قودردیغی

قودرديغى آدم اولديغنى طاندى وبويله اولوب
نه اقرار ايتديكى فورتونه ده ووجه نام ملازمه
قرأت اولندقده اقرار ايتديكم صحيحدر وبو سوز
اكسك نه زياده سويليحكم يوقدر ديو محكمه نك
كاتبى وبزمله معًا امضاسنى يازمش

تحريرًا بمصر فى السنه والشهر واليوم
المذكورين اعلاه ✿

ممضى

دووجه ✿
سارتلون ✿
بينه كاتب ✿

سلیمان نام حلبی یه تکرارا خطاب اولنان سواللری

وجوابلری حاوی بیان نامه‌در

ایشبو فرانچه جمهورینك سکزنجی سنه‌سی ماه پره‌ریالك یکرمی التنجی کونی بن که التنده امضالو نزل امینی شق ثانی ایم جنرال انشف قلعه‌بر نام جنرالك قاتللری حقلرنده حکم شرع اتمکه مأمور اولان قاضیلر عندنده مبلغ مراسمی اجرا

ایتدیکمدن ناشی سلیمان نام شقی حضورمه
احضار ایدوب محکمه‌نك کاتبی پینه نام
مواجهه‌سنده وجنرال انشف مومی الیهك
کاتب السرّ وباش ترجمانی اولان براچویك
وساطتیله تکرارا ذکر اولنه‌جق سؤاللری شقیٔ
مزبوره خطاب ایتدم وبوبله اولوب جنرال
انشف مومی الیهك قتلنه متعلق وقوعاتلر
ضمننده شقی مزبور سؤال اولندقده اودخی
بو ذکر ایده جکمز جوابلری ویردی صابون
ودخان ایله یوکلمش عرب کروان ایله برحجن
اوزرینه کلدم امّا ذکر اولنان کروان مصره
کیرمکدن قورقدیغندن اطفیه ولایتنده واقع
غایطه نام قصبه‌یه واردی بن دخی اورده‌ده
ایکن حالا بلمدیکم بر فلاحدن کرا ایله بر
اشکی الوب مصره واصل اولدم

حلبده یکیچری اغالری اولان احمد اغا
ویاسین اغا جنرال انشف مومی الیه قتل
اتمسنی بکا حواله ایتدیلر امّا بو امر عظیم
بر امر اولدیغندن کمسه‌یه بو سرّی فتح اتمکه
بکا محکم تنبیه ایتدیلر وسابقا اوچ سنه
مصرده اقامت اوزره اولدیغمدن مصری کوزلجه
بلدیکم حسبیله بن خصوصا مصره ارسال
اولندم ومصره کلوب بیوك جامعه واردقده
بر مناسب وقت کوروب مطلق جنرال انشف
مومی الیهی قتل اتمك بکا توصیه اولندی
مع کل ذالك دون تسمیه ایندیکم درت
شیخه سراچدم زیرا دونی سویلمیجه بنی جامعه
تسکین اتمکدن امتناع ایدردی وهرکون بنم
نیتمه دایر مذکور شیخلرایله صحبت ایدردم
امّا سنك قصدکی اجرا اتمك ممکن دکلدر

دیو جنرال انشف موسی الیهی قتل اتمه‌دن
بنی منع اتمکه مزبور شیخلر اسه‌دیلر واونلری
غایت قورقاق کورردیکمدن بویله امرده بکا یاردم
اتملری ایچون مزبورلره سویلدیکم یوقدر
بنم نیتمی مطلق قوتدن فعله کتورمکه
قصد ایتدیکم کون ذکر ایتدیکم درت شیخدن
انجق محمد غری نام شیخی بولوب جنرال
انشف موسی الیهی قتل اتمك ایچون
جیزه‌یه واررم شیخ مزبوره سویلدم وموسی
الیهی قتل اتمك ایچون بن یالکز ایدم
وبویله فکر باشمه کلدیکندن برو بن دلی ایدم
زیرا اکردلی اولمیایدم جنرال موسی الیهی
قتل اتمك ایچون غزه‌دن کلمزدم وجامع
دیوارینه یاپشتردیعم کاغدلر اوزرینه عربی
کاذبلر عادتنجه انجق ایات یازیلمش وار ایدی

ومصرده کیسه‌دن برپاره الدیغم یوقدر لکن ذکر اولنان اغالر طرفندن بر مقدار اقچه المشیدم

درس الدیغم افندینك اسمی مصطفی افندی‌در وعادت اوزره هفته ایکی دفعه پازار ایرتسی وپنجشنبه کونی افندی مزبوره واردم ولکن بنم نیتمی اشکاره ایتدیکمدن قورقدیغمدن ناشی افندیه سرمی فتح ایتدیکم یوقدر اما بنم نیتمی وقصدمی ذکر اولنان درت شیخه سویلدم زیرا بنم کبی شاملی‌در دیو سلیمان نام شقی جواب ویردی

ماه جرمنال ابتدا سنده یعنی ذی القعده شهرنده صدر اعظم مصردن کلدیکی وقتده‌سن غزه‌ده بولندرك دیو سوال اولندقده

اودخی قدس شریفه زیارت ایچون واروب

صدر اعظم عریشی فتح ایتدیکندن برو قدس شریفده اوتورردم دیو جواب ویردی

جنرال انشف مومی الیهی اقرار ایتدیکك کبی قتل اتمکه سنی اغوا ایلین احمد اغایی نه یرده ونه کونده کوردك سوال اولندقده

اودخی صدر اعظم مغلوب اولدقدن صکره ماه جرمینالە مطابق شوال اخری یاخود ذی القعده‌نك ابتداسنده عریش وغزه جانبنه چكلدی واحمد اغا سابقا اوردوی همیونده اولوب عریش فتحندن برو صدر اعظم امری موجبنجه غزه‌دن قدس شریفه نقل اولنوب مولا سلیم نام شهر مزبور حاکمی اونده اوتوروب اغای مزبوره واردم واوره‌ده ایکن اغایه شکایت ایتدم که حلب والیسی ابراهیم پاشا حلبده دره یاغیله الیش ویریش ایدن حاجی محمد امین نام یاباسی

اقچه طلبیله جور و جفا ایدردی واغای مزبوره
سویلدم که صدر اعظم شامدن مصره عزیمتندن
اوّل ذکر اولنان بابام پاشای مومی الیهه برای
مقدار اقچه ادا اتمشیدی وبویله اولوب بردخی
پدرمه بویله جور وجفا تحصیل اولنمه مسیچون
اغای مزبور حمایتنی استدعا ایتدم وایرتسی کون
اغای مزبوره واروب ابراهیم پاشانک دوست
اولدیغنی واکر فرانسز جنرالی قتل اتمکه عهده
مزده السم پاشا مومی الیه عندنده بزی
مساعده ایده جکنی بکا سویلمشدر وبوندن صکره
اوچنجی ودردنجی کون اغای مزبورک بنمله
مکبتی دایما براولوب غزه ده اولان یاسین اغایه
پول خرچلغی ایچون بکا توصیه ایتدی واوچ
درت کوندن صکره قدس شریفدن خلیل نام
کوی جانبنه عازم اولدم وغزه یه یاسین
اغایی

اغایی نه اولدیغندن خبردار اتمك ایچون بر خدمتكار كوندران احمد اغا طرفندن بر مكتوب المدم دیو جواب ویردی

خلیلده قاچ كون اوتوزدك دیو سوال اولندقده

اودخی یكرمی كون اوتوردم جواب ویردی

خلیلده یكرمی كون قدر نیچون مكث ایتدك وبوار القدة ایكی اغا طرفلرندن سكا بر مكتوب كلدیمی دیو سوال اولندقده

اودخی چوق عرب یولده اولدیغندن قورقودن كمسهنك طرفندن بر مكتوب الميوب یوله چقمق ایچون بر كروان بكلدم ویكرمی كوندن صكره ماه فلوره‌ال ابتدا سنه مطابق ذی القعدهنك اخرنده ذكر اولنان كروان ایله غزهیه واردم دیو جواب ویردی

I

غزه‌ده نه یاپدك ویاسین اغا سکا سویلدیکی
نه‌در سؤال اولندقده

اودخی بنم غزه‌یه وصول بولدیغم ایرتسی
کونی اغای مزبوره واردم وسنك بوطرفه
کلدیکك سببنی بلرم بکا سویلمه‌در وذکر
اولنان اغا بنی بر بیوك جامعده تسکین
ایدوب دفعة کیجه کوندز قتل ماده سنی
بنمله مذاکره اتمك ایچون جامعه کلردی
وبوندن ما عدا کرك بدرمی هرجور وجفادن
کرك بنی هروقتده حمایت ایده جکنی وعد
ایدوب نه لازم اولدیغنی بکا بلدیروب یول
خرجلغی ایچون قرق غروش بکا ویردی
واون کون غزه‌یه وصولمدن صکره بر هجن اوزره
بیوله چقوب سابقا دیدیکم کبی التی کون
ظرفنده وصول بولدم دیو جواب ویردی

سليمان نام شقينك غزه‌دن كتمسى فرانسز تاريخنه كوره ماه فلوره‌آل نصفنه مطابق ذى القعده‌نك غرّه سنده وقوع بولوب اظهار اولنوركه جنرال انشف مومى اليهى قتل ايتديكى كون شقى مزبورك مصره وصول بولديغنك اوتوز برنجى كونى ايدى جنرال انشف مومى اليهى قتل ايتديكك خون آلود خنجرى طانيميسن ديو سوال اولندقده

جنرال مومى اليهى قتل ايتديكم خنجر اودر ديو جواب ويردى

جنرال مومى اليهى قتل ايتديكك خنجر ذكر اولنان اغالر سكا ويرديلرمى يوخسه بركمسنه غيرى مزبور خنجرى سكا ويردى‌مى وعاقبت نه‌وچهله بو خنجرى بولدك سؤال اولندقده

اودخی برکسه ذکر اولنان خنجری بکا ویرمدی ولکن غزه‌ده اشترا اتمکه بولدیغم اوّل سلاح الدم وجنرال انشف مومی الیهی قتل ایتمك ایچون استعمال ایده‌جکم نیتیله اوخنجری غزه چارشوسنده اشترا ایتدم دیو جواب ویردی

جنرال انشف مومی الیهی قتل ایتدیکك تقدیرجه صدر اعظّم حمایتنی سکا تکلیف اتمك ایچون صدر اعظم مومی الیهه دایرسوز احمد اغا یاخود یاسین اغا یاخود ایکیسی معًا سکا سویلدکلری وارمی سوال اولندقده

اودخی یوق سویلمدیلر انجق مرامه نایل اولدیغم تقدیرجه بزسنی حمایت ایدرز دیو ذکر اولنان اغالر بکا وعد اتمشلریدی دیو جواب ویردی

فرانسزلری قتل اتمك ایچون صدر اعظم طرفندن فرمانلر صادر اولدیمی سوال اولندقده

اودخی بو ماده‌یه دایر هیچ برشی بلمم انجق مصرده فتنه اوزره اولانلره امداد اتمك ایچون صدر اعظم طاهر پاشا مصر جانبنه کوندروب مدینهٔ مزبوره‌دن چقان عثمانلیلری پاشا موسی الیه بولدیغی وقتده کندوسی دخی کیرویه چکلدیکنی بلرم دیو جواب ویردی

بو قتل ماده‌سی سکا یالکز توصیه اولندیمی سوال اولندقده

بویله ظن ایدرم وایکی اغایله بندن غیری بو سری کمسه بلمزدی دیو جواب ویردی

جنرال موسی الیهی قتل ایتدیککی ذکر اولنان اغالره بلدرمك ایچون نه حرکت اتمك سکا لازم کلردی سوال اولندقده

اودخی یاخود اغلره وارمهمز یاخود مزبورلره عجالة برمنزل یولامق بکا لازم کلردی دیو جواب ویردی

وبویله اولدقده بنکه ذکر النان قاضیلر عندنده التنده امضالو مبلغ‌ایم بو سواللری وجوابلری حاوی بیان نامه‌یه ختم ایدوب بعد القراء شقی مزبوردن ومحکمه کاتبندن وترجماندن امضا اولندی

تحریرًا فی مصر فی السنه والشهر والیوم المذکورین اعلاه

بعده سلیمان نام شقی امضاسنی عربجه یازمش

ممضی

سارتلون ٭

دامیه‌ن براچویك ٭

ببینه کاتب ٭

مشهور اولان سليمان حلبي ايله اوچ شيخ

بر يرده حاضر اولوب بربرينك عندنده واقع اولان سؤاللر ايله جوابلريني حاوى بيان نامه‌در

ايشبو فرانسه جمهوريتنك سكز سنه‌سى ماه پره‌ريالك يكرمى التنجى كونى بو كه التنده امضالو سابقا ذكر اولنان قاضيلر عندنده مبلغ ايم جنرال انشف قله‌برنام جنرالك قاتلى ايله

ایله اتفاق اوزره اولدیغی تهمتیلـــه متهم
محمد غزی ایله قاتل مزبوری حضوره احضار
ایدوب محکمه‌نك كاتبی پینه‌نام کاتبك مواجهه
سنده کرك مزبور محمد غزیء کرك سالف الذکر
سلیمان‌نام شقیء بو وجهله تکرار سویـــلتدم
بو یرده حاضر اولان سلیمان حلبیء بلرمیسن
دیو ذکر اولنان محمد غزی سوال اولندقده
اودخی بلرم دیو جواب ویردی
بو یرده حاضر اولان محمد غزیء بلرمیسن
دیو سلیمان‌نام حلبی سوال اولندقده
اودخی بلرم دیو جواب ویردی
بو یرده حاضر اوتوز برکوندن بــــرو مصرده
بولنان سلیمان‌نام حلبی جنرال انشف مومی
الیهی قتل اتمکه دایر نیتنی سکا بیان ایتدی‌می
واحمد و یاسین اغالر طرفلرندن مخصوص مومی

الیهی قتل ایتمك ایچون کوندریلوب مصره
کلدیککنی سکا سویلدیمی وهرکون تحمیتا قتل
ماده‌سنده دایر سلیمان مزبور سکا تعیین
ایدرمیدی وعاقبت الامر موسی الیهی قتل
ایتدیککی برکوندن اوّل قتل نیتیله جیزه‌یه
واردیغنی سلیمان نام حلبی سکا سویلدیمی دیو
ذکر اولنان محمد غزی نام سؤال اولندقده

اوحی هیچ برشی بکا سویلدیککی یوقدر
انجق بردرمزه راست کلدیکمز وقتده سلاملاشدق
وجیزه‌یه واردیغی برکوندن اوّل کاغدایله
مرّکب بکا کتوروب ایرتسی کون مصره رجوع
ایده‌جککنی بکا سویلدی دیو جواب ویردی

شمدی یالان سویلدرسن زیرا بوبرده حاضر اولان
سلیمان نام حلبی اقرار ایدرکه هرکون وخصوصا
جیزه‌یه واردیغندن برکون اوّل موسی الیهك

قلبنه دایر محبت سنکله ایدردی دیو محمد غزی یه بیان اولندقده

اوده بو ادم یالان سویلر دیو جواب ویردی

شیخ عبد الله شرقاوی اونده چوق دفعه یاترمیسن ودو یقیندرده مزبور شیخ اونده یاندکمی دیو سوال اولندقده

اوده فرانجه‌لولر مصره وصوللرندن برو مزبور شیخ اونده یاندیغم یوقدر اما بوندن اول یاندیغم وار دیو جواب ویردی

سن یالان سویلرسن زیرا نیجه دفعه شیخ مزبور اوینه واروب یاندیغکی دون اقرار ایتدک محمدنام غزی یه سویلدیکن

اوده بن بویله شی سویلدم دیو جواب ویردی بویرده حاضر اولان شیخ محمدایله هرکون

وخصوصا قتل ایتدیککدن برکون اول جنرال مومی الیهك قتلنه دایر نیتك خصوصنده صحبت ایتدیککی دائما اقرار ایدرمیسن سلیمان نام حلبی سوال اولندقده

اوخی اوت اقرار ایدرم وسویلدیکم حقدر انجق شیخ محمد غزی قورقوسی واردر دیو جواب ویردی

شیخ محمد غزی بووجهله انکارنده معند اولوب بن که مبلغ ایم بعد لاثبات مناسب کوردمکه بومملکتك عادتنجه شیخ مزبور ضرب اولنه وضرب اولنه رق متفقلرینی بیان ایلیه وحق نه اولدیغنی سویلمکه حاضرایم دیو وعد ایدنجیه دك ضرب اولنوب بعده بندلرندن خلاص اولنوب ذکر اولنه جق وجهله تکرار سؤال اولندی

جنرال موسی الیهی قتل ایده‌جکی سلیمان نام حلبی سکا سویلدیمی دیو سوال اولندقده

اودخی دینسز فرانچه لولرایله جهاد اتمک ایچون غزه‌دن کلدیکنی چوق دفعه بکا دیمش بونك صوکی فنا اولور دیو بوحرکتدن سلیمانی مزبوری منع اتمکه استدم اما جنرال موسی الیهك قتلندن برکون اول جنرال موسی الیهی قتل اتمك نیتی اولدیغنی انجق بکا سویلمش دیو جواب ویردی

ذکر اولنان سلیمانی نیچون قولامدك دیو سوال اولندقده

اودخی صدر اعظم جنرال موسی الیهی قتل ایده‌مدیکندن مزبور سلیمان کبی برادم موسی الیهی قتل اتمکه قادر اولاجغنی ظن

ایمه دیکدن ناشی سلیمان مزبوری قولامدم دیو جواب ویردی

ذکر اولنان سلیمان سکا سویلدیکی ماده نیچه مصرلولره وخصوصا شیخ شرقاوی یه اشکاره ایتدکمی دیو سوال اولندقده

اودخی برکمسنه یه سویلدیکم یوقدر واکر بنی قتل ایتدسه کز دخی بوکا خلاف سوز سویلمم دیو جواب ویردی

فرانچه لولری قتل اتمك مامورینیله اولان ادملر مصرده مقیم اولدقلرینی بلرمیسن ونه یره قونزلر دیو سوال اولندقده

اودخی بوندن هیچ برخبرم یوقدر ومزبور سلیمان بوکا دائر برسوز بکا سویلدیکی یوقدر دیو جواب ویردی

سنكله اتفاق اوزره اولان ادملر نه يرده در ديو سليمان مزبور سوال اولندقده

اودخى مصرده بوقدر وفرانجه لولرى قتل ايتمك ايچون بندن غيرى بركمسه اولمديغنى ظن ايدرم ديو جواب ويردى

بونيله اولوب بلا تأخير شيخ محمد غزىء تكرار حبسه كوتوريلوب سيد احمد الوالى احضار اولندقده بو وجهله قالان سليمان نام شقينك وذكر اولنان احمد الوالى جوابلرى بربرينه مقابله اولندى

بو يرده حاضر اولان سليمان نام حلبىء بلورميسن ديو سيد احمد الوالى سوال اولندقده

اودخى بلورم ديو جواب ويردى

بو يرده حاضر سيد احمد الوالىء بلورميسن

دیو سلیمان نام حلبی سوال اولندقده
اودخی بلرم دیو جواب ویردی
جنرال انشف موسی الیهی قتل ایتدیکندن
برکون اوّل خصوصا سالف الذّکر سلیمان
موسی الیهی قتل اتمك نیتی اولدیغنی سکا
سویلدیمی دیو احمد الوالی سوال اولندقده
اودخی تخمینا اوتوز کوندن برو سلیمان
مزبورك مصره وصول بولدیغی وقتده بکا دیدی
که دینسز اولان ادملر ایله جهاد اتمك
ایچون بوطرفلره کلدی ودویله حرکت ای دکلدر
دیو نیتندن بن اونی منع اتمکه استدم امّا
موسی الیهی قتل اتمك نیتی اولدیغنی بکا
سویلمدی دیو جواب ویردی
جنرال موسی الیهی قتل اتمك نیتك
اولدیغنی سید احمد مذکوره سویلدکمی موسی
الیهی

اليهي قتل ايتديككدن اوّل قاچ كون ذكر اولنان احمده فكركى بيان ايتدك ديو سليمان نام حلبى سؤال اولندقده

اودخى مصره وصول بولديغم اوّلكى كونلرده ذكر اولنان احمد استصواب ايتمديككى جهاد اتمك ايچون كلديكمى كنديسنه سويلدم ولكن التى كوندن صكره جنرال مومى اليهى قتل اتمك نيتم اولديغنى احمد مزبوره بيان ايتدم واوكوندن بومادهيه داير سوز احمدايله سويلمدم ومومى اليهي قتل ايتديكم كون ذكر اولنان احمد ايله كورشمديكم دردنجى كونى ايدى ديو سليمان نام شقى جواب ويردى

سليمان نام شقى جنرال مومى اليهى قتل اتمك نيتى اولديغنى بكا سويلمدى نيچون ديورسن د ويله سوز حقه مغايردر ذكر اولنان

اجمده سویلندکده اودخی شمدی سلیمان نام حلبی قتله دایر سوزبگا سویلدیکنی خاطرمه کتور تمش دیو جواب ویردی

بویله اولوب سلیمان مزبوری نیچون قولامدک دیو سوال اولندقده

اودخی ایکی سبب ایچون سلیمان مزبوری قولامدم اولا ظن ایتدمکه سلیمان مزبوریالان سویلر ثانیا سلیمان مزبور عندمزده چوق الچق بر ادم اولدیغندن ایتدیکی عمله قادر اولمدیغنی صحیح کبی برشی طوتردم دیو جواب ویردی

بنم بو ماده‌ده متفقلرم واردر سلیمان مزبور سکا سویلدیجی وشقی مزبورک متفقلری اولدیغنی برکمسدیه وخصوصا هرنه وقوع بولدیغنی اخبار اتمکه ملزوم اولدیغک

جامع کبیر شیخنه سویلدکمی دیو سؤال اولندقده

اوذخی سلیمان مزبور متفقلری اولدیغنی بکا سویلدیکی بوقدر وبوکا دایر کمسه‌یه برسوز سویلمدم وجامعنك شیخنی بوندن خبردار اتمك ملزوم اولدیغمی ظنّ اینمدم دیو جواب ویردی

جمله مصره وصول بولان عثمانلیلری قولامق ماده‌سنی حاوی جنرال انشف طرفندن صادر اولان امری بلرمیسن دیو سؤال اولندقده

اوذخی بویله امر بلمم دیو جواب ویردی

جنرال مومی الیهی قتل اتمك نیتنی سکا اخبار ایتدیکی سببیله سلیمان مزبوری جامعده تسکین ایتدکمی سؤال اولندقده

اودخی یوسف بویله دکل انجق جمله مسلمانلر جامعده ساکن اولابلرلر دیو جواب ویردی

سنك مصره کلدیکك نه سبب اولدیغنی بیان ایتمینجه سنی جامعده قبول ایتمزدی سن سویلدکمی دیو سلیمان نام حلبی سؤال اولندقده

اودخی مصره کلانلر کلدکلرینك سببنی بیان ایتمکه ملزوم درلر اما شیخلردن برینی بنم قصدمی استصواب ایتمدیکنی اقرار ایتمك بکا واجبدر زیرا بویله اولدیغی حقدر دیو جواب ویردی

بوندن صکره ذکر اولنان احمد الوالی تکرار حبسه کوتوریلمش وسید عبد الله الغری

احضار اولنوب بو وجهله قالان سلیمان نام شقینك وعبد الله مزبور جوابلری بربرینه مقابله اولندی

بو یرده حاضر اولان سلیمان نام حلبیٔ بلرمیسن سید عبد الله الغزی سوال اولندقده

اودخی بلرم دیو جواب ویردی

بو یرده حاضر سید عبد الله الغزی بلرمیسن سلیمان مزبور سوال اولندقده

اودخی بلرم دیو جواب ویردی

جنرال انشف مسومنی الیهی قتل اتمك سلیمان مزبور نیتی اولدیغنی بلرمیدك دیو سید عبد الله سوال اولندقده

اودخی سلیمان مزبور مصره واصل اولدیغی وقتده كرك جهاد اتمك كرك مومی الیهی قتل اتمك نیتی اولدیغنی بكا سلیمان مزبور

بیان ایدوب بویله حرکتدن بنی اوتی منع ایتمکه استدی دیو اقرار ایدوب جواب ویردی

بوبله اولوب سلیمان مزبوری نیچون قولامدک دیو سؤال اولندقده

اودخی بیوک شیخلره کورشوب بویله عملدن سلیمان مزبور منع اولنه‌جغنی ظن ایتدم امّا فیما بعد بوکا بقمیوب صوچلونیتی اولانی قولارم دیو جواب ویردی

برکمسه‌یه سلیمان مزبور قصدینی سویلدکمی وذکر اولنان سلیمان نیتنی برکمسه‌یه سویلدیکنی بلرمیسن دیو سوال اولندقده

اودخی بوکا دایر برشی بلمم دیو جواب ویردی

فرانچه لولری قتل اتمك مأموریتیله مصرده مقیم اولانلر وارمی دیو سؤال اولندقده

اودخي بوني بلمم اما ظن ايتمم ديو جواب ويردي

بعده بو بيان اولنان مقابله اوزره واقع سواللر وجوابلر بعينه متهم اولان سليمان نام حلبي ومحمد الغزى وسيد احمد الوالى وسيد عبد الله غزى درت نفره قرات اولندقده جوابلرى حق اوزره اولوب برسوز اكسك نه زياده سويليجكلرى قالمديغنى

ذكر اولنان درت نفر متهم اقرار ايدوب براچويك ولاماقا نام ترجمانلرابله ومحكمه نك كاتبيله امضالرينى يازمشلر

تحريرا فى مصر فى السنه والشهر واليوم المذكورين اعلاه

ممضيين بالعربي الاسامي اربعة انفار

وبعدهم ممضى

كاتم السرّ وترجمان السرّعسكر العام دامیه‌ن

براچوبك ٭

وبعده سارتلون ٭

ولوماقا ٭

وبينه كاتب ٭

وايشبو سؤال وجوابلرى خاوى بيان نامهٔ ختم ايندكدن صكره بن‌كه نزل امینی شق ثانی ومبلغ ام متهم اولان درت نفره سويلدم‌كه بردوست كنديلرینی حمايت ايتمك ايچون اكراسه‌رلرايسه اختيار ايليه‌لر واونلردخی بركمسهٔ بو ماده ايچون اشارت ايتميز ديو جواب ويروب ذكر اولنان درت نفرى حمايت ايتمك ايچون

ايچون لوماقا نام ترجمان طرفندن اختيار اولندى

تحريرًا فى مصر فى اليوم والشهر والسنه المذكورين اعلاه ۞

ممضيين

سارتلون ۞

وپينه كاتب ۞

مصرده اولان افندیلردن مصطفی نام افندی یه

خطاب اولنان سواللرایله جوابلرینی حاوی بیان نامه‌در

ایشبو فرانجه جمهورینك سكز سنه‌سی ماه پره‌ریالك یكرمی التنجی كونی بن‌كه سابقا توصیف اولنان قاضیلر عندنده مبلغ‌ایم مصطفی نام افندی حضورمه احضارایدوب واقع اولان قتله دایر سواللر بینه نام كاتب

مواجهه سنك افندیء مزبوره بووجهله خطاب ایتدم اسمك نه‌در قاچ یاشنده‌سن نره‌ده یرلنمش‌سن وصنعتك نه‌در دیو مصطفی افندی‌یه سؤال اولندقده

اودخی اسمم مصطفی افندی‌در بروصه‌لو ایم سکسن بر یاشنده‌ایم ودرس ویررم دیو جواب ویردی

برایدن برو سلیمان نام حلبیء کوردیککز وارمی دیو سؤال اولندقده

اودخی اوچ سنه واردرکه بو آدم بندن درس الردی واون یاخود یکرمی کوندن برو اویمه کلوب یاتدی امّا بن فقیر اولدیغمدن بربشقه اوارامغه سلیمان مزبوره سویلدم دیو جوابه ویردی

جنرال مومی الیهی قتل اتمك ایچون شامدن مصره کلدیکنی سلیمان مزبور سکا

سویلدیکی دیو سؤال اولندقده

اودخی یوق سویلمدی انجق بن اونك قدیم خواجه‌سی اولدیغمدن بکا سلام ویرمکه کلدی دیو جواب ویردی

مصره کلدیکنك نه‌سبب اولدیغنی سلیمان مزبور سکا سویلدیمی یوخسه سن کندیك استخبار ایتدکمی دیو سؤال اولندقده

اودخی بن فقیر اولدیغم جهتیله سلیمان مزبوری اوچدن کیندرمك انجق بنم شغلم ایدی ولکن نه مصرده یاپمغه کلدك سلیمان مزبوری طلب ایتدم واودخی کامل اوقومش اولمسی ایچون مصره کلدیکنی بکا اکلاتمش دیو جواب ویردی

مصرده بر مدرسه‌یه وخصوصا بیوك شیخلره

سلیمان مزدور واردیغنی بلرمیسن دیو سوال اولندقده

اودخی سلیمانی چوق از کوردیکمدن بوکا دائر هیچ برشی بلمم وبوندن ماعدا هم اختیار هم مرضلو اولدیغمدن اومدن ازچقرم دیو جواب ویردی

سنك تلمیذلرکه قران اوقوترمیسن دیو سؤال اولندقده

اودخی اوت دیو جواب ویردی

جهاده کیرمك ومسلم اولمیانلری قتل اتمك قرآن موجبنجه فرض میدر دیو سؤال اولندقده

اودخی جهاد نه اولدیغنی بلرم وقرانده ذکر اولنور دیو جواب ویردی

سنك تلمیذلرکه بویله شیلر اوقوترمیسن دیو سؤال اولندقده

اودخی بنم کبی بر اختیار بوماده لره هیچ بر علاقه‌سی یوقدر اما قرآنده جهاد ذکر اولندیغی محیحدر ومسلم اولمیانی قتل ایدن صوابه کیرر دیو جواب ویردی

بویله شیلر سلیمان مزبوره اوغرتدکمی دیو سؤال اولندقده

اودخی یازی یازمقدن غیری هیچ برشی سلیمان مزبوره اوغرتمدم دیو جواب ویردی

سنك دینکندن اولمیان عساکر فرنساویه‌نك سرکرده سنی برمسلم دون قتل ایتدیکنی بلرمیسن وبویله عمل قرآن موجبنجه رسولکز عندنده مقبول میدر دیو سؤال اولندقده

اودخی قاتلی قتل ایتملی وبکا کوره فرانسزلرك عرضی ومسلمانلرك عرضی بردر امّا اکربوکا خلاف برشی قرآنده یازیلمش بولنورایسه قباحتم

يوقدر ديو جواب ويردى

بويله اولوب مصطفى افندى ويرديكى جوابلر سليمان مزبور جوابلرايله مطابق مى دريوخسه بربرينه مخالف مى در اثبات اتمك ايچون سليمان مذكوره ذكر اولنه‌جق سواللر خطاب اولندى

بر دفعه‌دن زياده مصطفى افندى‌ء كوردكمى وسنك قصدكى اوكا سويلدكمى ديو سليمان مزبوره سوال اولندقده

اودخى افندى‌ء مزبور بنم قديم خواجه اولديغندن سلام اتمك ايچون انجق بردفعه كندوسنه واردم وكرك اختياركرك مرضلو اولديغندن بنم قصدم نه‌اولديغنى افندى مزبوره سويلمك مناسب دكل ايدى ديو جواب ويردى

جهاد ایدنلر مذهبنده دکل میسن ومحمد رسولکز عندنده مقبول اولماکز ایچون مدینه شیخلری طرفلرندن مصرده مسلم اولمیانلری قتل ایتمکه مأذون المدکمی دیو سؤال اولندقده

اودخی تسمیه ایتدیکم درت شیخه جهاده دایر سوز سویلدم دیو جواب ویردی

شیخ شرقاوی ایله بوکا دایر صحبت ایتمدکمی دیو سؤال اولندقده

اودخی شیخ شرقاوی شافعی وبن حنفی اولدیغمدن شیخ مزبور ایله کورشمم دیو جواب ویردی

بویله اولدقده کرک ذکر اولنان سلیمانه کرک مصطفی افندی یه جوابلرینک مضمونی قرائت اولندقده ویردیکمز جواب صحیحدر وبر سوز نه زیاده

نه زياده نه اكسك سويليجكز قالمدى ديو ايكيسى اقرار ايدوب مبلّغ ايله وكاتب ايله ولوماقا نام ترجمان ايله امضالرينى يازمشلر

تحريرًا فى مصر فى اليوم والشهر والسنه المذكورين اعلاه ٭

معهم اولانلرك امضالرى ٭

وبعده ممضيين ٭

سانتى لوماقا ٭

مينه ٭

سارتلون ٭

N

ربكاب

فرانسز جمهورك

سنه سكز نجيده

وپراریال شهریمزك یکرمی یدنجی کوننده مقتول جنرال انشف قلهبرذام سرعسکرعام ماجدك قتلی وقاتللك مساحلری محاکمه‌سی بابنده مأمورًا تعیین اولنان مجلسنده مجتمع اولان حکامه امامنده سیه‌وین سارتلون نام برقومسار امیرك بوخصوصده نقل ایتدوکی روایه‌سیدر

یااهالی جمهوری

الان بالجمله قپلاندیغمز درد درنیمز وماتم

عمومنز حالا عسكرك ايتدوكى ضايعاتك عظمتندن اخبارنده كافيلردر رياستله سر عسكرمز اولانا عزيز الذكر قلهبر فيروز ودولتلرى اراسنده اكسزين قاتل رذيلك دست مكروهك دميريله بيمزدن نهب اولنمشدر قاتل خبيثده اوزرينه لازم كلان شرعيات اوزره انتقامى ادعاسنه مأمور اولديغمه واجبا اوّلا كوزلريمك ياشلرى وتأسفلريمي لايق الحزن اما عرض ومجديله منوّر اولان اصل وسببدن اقدقلرى دموعى وجمله مزك فرياد واواهلرينه انضمام ايدوب كذلك كوكلمك ثقلتى برلحظه لينت بولسه كرك ودخى وضيفهٔ جاهم بعده بوافت مهيبك ذركيبن تفصيلى افاده سنه ابا واكراهم تمكنت بوليمزايسه بارى محلول اولملرى ممكندر

قباحتلو لرك سوال وجوابلرينك وتفتيش وسائر استفهام كتيبه‌سنك واعلامك قرائتي دمين استماع ايلدكمز

حكم اولنه‌جق اتملرك جرمى ابد الاباد وقطعًا بوجرم وفعال قبيحك واضح اولان ثبوتلردن اوضحى يوقدر شهودن افاده‌سى قاتل وشركا مساعدلرينك اغز اقرارلرى وهرشى اتحادًا بو مصنوعهٔ شنيعه لرنك بياننه هولناك ايدنلكنى پرتاو ايده‌يورلر

وقندرلديغى غضبك ضبطنه جهد ايدرك امكانيله اعمال واسبابي وجيب الاستغرابي سزه سرعتله مذاكره‌سنى ايديم ورومايلى وتمامًا بالجمله دنيالر خبرداران اولنسونلركه دولت عليه عثمانيه‌نك وزير اعظمى وسردارلرى وعسكرى مذللت وحقارتـه تنزل ايدوب

يَنهُ مدقلری جری وبی بخت دلاورقلهبرنام ظفر رهبری قتل نفسنه ارشایله قاتل عتیل ارسال و واستعمال ایدوب کندولرینك انهزامی عیبنه اظلم واوحش الخطایاسنك انداسلری دخی اضمام بیور مشلردر دنیالر مواجههسندده اسلامبولدن واقاصیء بلاد مشرقدن اوشن عثمانلی ئوللری خطر کزده در انلربز مصری ضبط وتسخیر نه کلوب وتخلیهسنی بزدن ادعاسنده ایدیلر متفقلرنك عمللریله ممنوع الاجرا ومانده اولان بر تعاهدی منطوقنجه وکوجله صرای مطریه وهیلیوپولس اووالرنده اول یاوزونادانلرك بقایهسنك اوردوسی بوزیلوب خجالتله بادیهء مرور ثانی اتدکلرنده غیظ ویایس ایله فریادلری صفوفلرنده هر جوانبدن استماع اولندی

وبرشام وبرمصرده غالب فرانسيزلری، قتل عامنه امر ایدن وخصوصا جنرالی انتقاماً تهلیکه‌نه الزام ایدن وزیرك منادانی کرتندن صنکی ولایتلری الدرندن باصلمشدر

واکر بو ناسزا حرکاتی نه زمانده واقع اولدقلری سوال اولنورایسه اصغادخی اولنده که وزیر اعظمك اغواسیله عصاوته رایل اولان مصر القاهره‌نك خلق عطوفتلو قتلهبر دلاورك شفقت مراحمنی تجربه ایدرایکن ودخی عثمانلی اسیرلری اول بر مصر پهلوانیدن مروتله قبول اولنورایکن ودخی عثمانلینك مجروحلری بیمارخانه لرمزده مرعی ومحمی طوتلورایکن انجق اول انتمای قتلهبرك مجاودتلرنده درکه وزیر اعظم اشوا تدبیراتیله مساویسنك تکمیلنه مقیددر وبو بابده موجد

وموجريسى مقدمادن مغضوب اغـالرندن برويسيدركه مذكور اغانك مهلكه‌ده بولنان باشنك حفظنى ووزيرك كرم والطافينك عودنى اشبو مصنوعه كربها سنه بند انلمشدر

العريش قلعه‌سى الينالينى برو وشهرمز جرميناللك اوايلنده وزيرك انهزامندن صكره غزه‌ده محبوس اولان احمد اغا نام كمسنه قلقلوب وقدس شريفه واروب وانده محبسى معسلمك قوناغيدر واول ملجاده ايكن نادانلغيله درعهده سنين النان فعال قبيحه سنك اجراسنه تقيدنده در

وفهم بشريه‌دن مستغنى اولان مقدر كوياكى وزير اعظمك اجرا انتقامنه هرشيسى صنكى حاضر وآماده ايتمش ايدى

بكرمى درت ياشيسنده يتشمش اولان سليمان الجلبى نام دليقانلو غالبا خطاياء

اقدمه سیله هنوز مدنوس ایکن اغا مومی الیه
قدس شریفه کلدوغی کونی مرسوم سلیمان
دخی انده واصل اولوب واغاء مرقومه ایفای
مراسم عبودیتیله حالبده اولان پدری حلب
والیسی اولان ابراهیم پاشانک افترا وعدواننددن
مذکور پدرینی ازاد ایتمه‌سی بابنده اغا مرقومدن
استدعاء عنایتلری ایدر

وکذلك یارنده‌سی کونی کنه سلیمان بی‌سامان
اغا مرقومه واروب مکر احوال واحتیال سلیمان
مجنونك دقتله تجسس اولنوب جنونیتی طاری
اولدیغی معلوم ومقریلرده قرائتیله مقبول
اولنمغله جامعده مستدخل بو خدمته مهیا
وبوندن اقدمجه دخی حاج حرمتن اولوب حالا
قدس شریفه زیارة ایچون کلمشدر وما عدا خیال
عجیبه سندن مغلوب دین کالتی یاشنه اعلا
درجاتنده

درجانبه قوشوب وبى تعب ومجاهده كفارك
اهلاكى مغاربنك اليق وابها علاماتى ورهونيدر
ديو ضمن تكذيبيسى لانى وكذا فلرندن بللنو
اولنعله وهر وجهله ديوانه لكنه محتال
ومعروف . درديو مسموع ومفهوم اغاء مرقومك
اولدقده فيالحال وبلا تردد مأمور اولديغى
بدسپاريشى سرا سليمانه اعتماد ووديعه واغاء
مرقوم حمايتى وعدى وما عدا عطاياسيله
سليمانى الزام ايدوب حالا غزه‌ده عسكر
دربولوكن ضابطى اولان ياسين اغا نام كمسنه‌نك
يانته سليمانى اعلام حاليله ارسال ووعد اولنان
نقودن بر مقدارى عطا سنه تنبيه

سليمان دخى ايدجك خطاسندن مملا
النفس ايله رهروان اولوب خليل رحمن نام محلده
يكرمى كون مكث ايدوب وانده صبرسز لكله

مصره مروریچون کروانلرك بیرینی بکلیوب
وکروان مذکور صدور ایتدکده معًا بادیه‌ی
کچوب شهرمز فلوریال اوایلنده غزه‌ده واصل
اولدی واننده یاسین اغا سلیمانك جنونیتی
طراوتنی بسلیوب انی برجامعده قوندردی
وصکره وسرًا انی ایله کجه کوندوز اون کون غزه‌ده
مکثی اثنالرنده کورشوب وصنع سیپانی
تعلیم وبعده اول مجنونك الینه قرق غروش
رومی ویروب عقیبنده انی هجینه بندروب
وکروانله التی کونده سلیمان مصره واصل
اولدی واول مجنون خنجرك بیریله ممتن
شهرمز فلوریال اواسطنده سابقا اوچ سنه اقامت
ایتدوکی مصر القاهره‌ده وصول بولدی واننده
تعلیمات خبیثه‌لری اوزره جامع کبیره‌ده
قونوب اننده کون متعاله مناجات ودیوارلره

یازلر قیوب دعالریله خطای مأمورەسنک
اجراسی ایچون مرسل اولندیغنه بناءً
حضرلنیور جامع کبیر مذکورەدە سلیمانی
قبول ایدنلر انی کیبی شاملودرت نفر مقریلر
اولوب انلره رسالتنک سببلرندن سلیمان خبر
ویروب ودو خصوصه انلریله دمبدم مشاوره
سنده در وانی امتناع سوینی اولنان فقط مرامی
وجوده کتورمەسنک صعوبت ومخطرەسندن
غیری شی کورمیور اول بد عقللره

محمد الغزی وسید احمد الوالی وعبد الله الغزی
وعبد القادر الغزی سلیمانک هولناک سرینی
قبول واجراسنک ممانعاتی بابنده بردورلو
حرکت ایتمزلر قالوب سکوت طوتدقلرندن
سلیمانک سوء قبیحەسنک مسامحلری قالدیلر
قاتل عمیل مصر القاهرەدە علی التوالی اوتوز

بر كون فداسنی بكليوب عقبنت جيزه‌يه عزيمتنه جازم اولوب محمد الغزی نام درت متهوملرن بيرينه توجهنك سببنی روان اولديغی كونی اعتماد ايلمش

وصانكی بدبهيات بالجمله بو بدكارك الطافنه جريان ايتمشلر اولوب سليمان بی‌سامان جيزه‌يه واصل اولديغی كوهك ايرته سنده جنرال قلهبر عزه رهبر جيزه‌دن قلقوب مصر القاهره‌يه روانه اولوب طوال طرقده سليمان اردی‌صراسندن ايرلميوب دفعاتله اثنی ابعاد ايلمدولر اما اول بدتر صراواردیغندن قالميوب فداسنك قصدينه ثابتدر عقبنت بو شهومزك يكرمسی بشنجيده جنرال كرمنال سراينك بغچه‌سنده كيزلنی ويروب بعده جنرال جسودمنالبك دست بوسنه نيت كوسه‌روب كيافت بدنجنيسندن

قلبهء شفقات پرور ایکرمیوب ترحمنك دمنده
سلیمان اکا اوچ خنجر اوروب جنرالك ناگاه
امدادنه یعنی رئیس البنایان سقوینی پروتن نام
مدرسان فرانساویه‌نك بری شجیعانه جنرال
موسی الیهك عمری تخلیصنه کندوزی تهلکه‌ئه
صالمش اولدی غیرتی فایده‌سز اولوب کندوسی
بیله سلیمان نادان بی امانك التی یارة اوریلوب
دوکوشده ناتوان قالمش

واشبو شکلده قاتل رذیل وذلیل ضرودنك
اللرنده حرامسز دوشنی اول پهلوان نصرة
روان که بیشهٔ مهلکهٔ میدان رزم ووغالره
شیرانه هجوم ومسجد وپیکار مقدراتندن معزز
ومرعی طوتلدی وکذلك رهین قهری دولت
جمهور عساکرن باشنده ایکن اول نبرد رزم ازما
اولی انی نهایه ایدوب کیشوری کوشاسی اولدی

وبرمصرده ايكن اول اقليمى سحاب عثمانليلردن بصلمش ايكن سعادتله تكرار انى فتح ايتدى عجبا اول ديلاور منور سبب اولديغى درد دريغمزه نهلر قاتايم پدرى اولديغى عسكريلرك دموعيى مى اتعبه واقبالنك يولداشلرى اولان جنراللرك لوعتلرى وبالجمله عسكرك ماتم وولهى انجق بو نلردر اول دلير منير تدكارينه ليق اولان تمديحاتى

قاتل رذيل وذليل سليمان جيوشمزك غضب وتجسس وتفتيشلرندن قاچيمامش اول بدنامك اوزرينه داغنان قانى وخنجرى وكندويكزى ياووزليغيله صولمش وپريشانيدن سوء قبيحه سنى بيان ايدوب وانى اقرار ايليوب واسرار بدكارن مرتهنلرى اولان بالاده مرسوم مساحلرينى اسما ورسما بلدرر ومصنوعهء

شنیعه سندن لافزدنده صنکی اوکنیور ودخی کرك سوال جوابلرنده وکرك مهیب سیاساتنك منظرنده وصالح وزکییه کرك امـــاپك صقچه دخی مجنون بدفنونلرنك ناحق قسمتی اولور کوکل راحتی سلیمان بی سرّوسامان کندوسنده محفوظدر

ومسـاحلـری دخی سبب سکوتلرنـدن اجرابولان قلـهجـر دلاورك تهلیکی سلیمان بی ساسان شرّ وسرّندن مرهـون اولدقلری کندو اغرلریله اقرار ایلدیلر

وسوبلدقلریکه انلر اصلا وقطعهٔ سلیمان بو مثللو جرمنه قابیلیتی اولدیغی ایناما دیلر دیو کلـمهٔ باطلهدر وکذلك اکر تحقیقاً سلیمانی یاقیناً ومطلاقـاً بوقحاتـه جازماً دیتلوسی اولدیغی بلیدیلر لایـد انی بیان ایدرلـر

ایمش دیو اول دخی بطال سوزلرندندر چونکی بیلمرلرندک واقع اولان عمللری جرملرندن خبیرلردر چونکی قاتل رذیلی قبول ایدوب بدابرامنه منع ایتمسنه تقیدلری اولدیغی تقدیرده بیله فقط مستهلکه‌لری قورقولرندن اولمش اولور ایدی ایمدی ولاشی انلرک اعتذارینه مقبول اولیمز

ویکا شک مسامحلرینه مصطفی افندی حقنده برشی سویلیه‌مم چونکه انلرک مشارکهلوسی اولدیغی هیچ بیر دورلو اثباتی وجوده کلمه‌مش

وسزه مجلس حکمیله سپاریش اولنان خاطیلر سیاست وعذابی اغنایشمه کوره ظنی غلیبیم بودرکه مملکیت مصرده معتاد اولنان سیاسه‌لردن غیریسی اولمیه اما ذنبک عظمتی اعدابنک

قورقنج

قورقنج وهولناكيسى استدعا ايدوب سليمان نادانه قازق كركدر وهرشى وعملدن اوّل اول نامردك يد ملعونى احراق اولنوب بعده قازغن اوزرينه هليك اولوب جسد كريهى طيور وحوشدن بيودلنجه انده قاله امّا مسامحلرى حقنده كرچكه قبحاتلرى بيوك اوله لكن قاتل ذليلك عذابى عقوبتندن قليل اولمق كركيندن برمصرده عادة وى اولان سزه ديسم كرك ساده قتله مستاهللردر

ووزير واوامرنك التنده اولان ياووز عثمانليلراول داهيتلو مسخ مجنونك سليمان بديكلرى بي عقل و بي اذعان پليدنك اعذاب لايقه سنى بولديغنى سياستى صومردانه طودالدانه خبردار وحيرتدارلرى اولهلر درعهده سنده نامردلكيله النان نقهنلرى

یـریته عوضــا حقاکه اسلحه‌سی لـسوعات ودموعیمزه سبب ابدی اولمش عســکرمزك باش بوغنی تعدیم ایتمشلرلکن ظن ایتمسنلرکه غیرة شجاعتمز سرموقدر بیله ازمش اوله ضیع ایلدیگمز جنرال عــزة مثال خــلیف منیفی فنون معرفت وجرایت وشان منوریله تدبیر امور دولت ومیدان رزمده مهیر وشهیر اولدیغی هنوز دول ناصره‌ده ملوم اولوب اول نبردرزم ازما بزی ذمرته دخی ایلده بیلـور وامــا تواریخده روایت ومثلسز اولان قتل ذلیله ایله انهزاملرنك انتقامی المقدن اول یورکســز لاشـیـلره بوفعل مســتـکرهدن عالمك کوزلرینه کــنــدو کندولری خور حقارتدن مملا اولدیغندن غـیـر برشی قازانه مهــشــلــر

ايدى بو مناظردن صكره نتيجه لو مك اسبابى اوزره حكمكزدن استدعا ايدرمكه اولاً سليمان عسكر باش جنرال قلهبرك قاتلى اولديغى ثابت اولديغندن مرسومك صاغ الينى احراق وكندو جسدى قازيغه اوريلوب يبان قوشلردن يودلوب مضمحل اولنجه قازغندن چقارمايلر وثانيًا محمد وعبد الله واحمد الغزى نامون اوچ شيخلر قاتل مرسومك مساعدلرى اولوب بيان اولديغندن بيونلرينه اوريله ثالثًا غايب اولان شيخ عبد القادرك قتلى دخى مامور اولنه رابعًا بو مذنبلرك سياستى قلهبر كرم پرور دلاورك جنازه سندن دونلدقه وبو سببدن مجتمع اولنان عسكرمزك مواجهه سنده خامسًا مصطفى افندى مساعده سى ثابت اولمديغندن ازاد اولنه سادسًا بونلرك علامى

وبو دعوايه متعلق اولنان يازيلرى تركجه وعربجه انطباع اولنوب بشيوز صورتلرى مطبعه‌سندن النوب بر مصر ولايات وشهرلر وخانه‌لرنك ديوارلرده وساير معتاد اولنان محللرده طقله شويله‌كه يارامازلره موجب عبرة اوله .

حرره بمصر فى ٢٧ شهر پراريال سنة ٨ ريكاب دولت جمهور الفرنساويه ۞

ایشبو فرانچه جمهوریتنك سكز سنه‌سی ماه
پره‌ریالك یكرمی یدنجی كونی فرانچه
جنراللرندن منو نام جنرال انشف امرینه
كوره رتبه نام بیوك جنرال وروبین نام جنرال
وله‌روی نام امین البحر وجنرال رتبه‌سندن
اشفه بررتبه منصبی اولان مارتنه نام وكذلك
مذكور اولان رتبه‌ده بولنان موران نام واوچ
بیك باشی غوغه نام واوچ بیك باشی اولوب
خصوصا طوپلر اعمالنه مامور اولان فور نام
اوچ بیك باشی اولوب خصوصا ابنیهٔ حربیه‌یه
مأمور اولان پرتران نام امنای نزلدن رتبه نام
امین شف ثالث وبو خصوصده مبلّغ الكلام

رتبه‌سنده اولوب امنای نزلدن صارتلون نام
امين شف ثاني وبو خصوصده فرانچـه
محكمه‌سينك وكيلى اولوب امناى نزلدن لەپەر
نام امين شف ثالث وبو خصوصده محكمه
كاتبى اولوب امناى نزلدن بينه نام امين
شف ثالث فرانجچه سركرده لرندن قلەبر
اسميله مشهور جنرال قاتللرى ضمننده بروجه
شرع حكم وفصل اتمك ايچون مذكور اولان
بيوك جنرال رتبه منزلنده جمع اولندقده
مذكور قاضيلرك رايسى اولان سالف الذكر
جنرال رتبه جنرال انهف موسى اليهك ذكر
اولنان امرينك صورتنى قراءت ايتدروب متهم
اولان سليمان حلبى وسيد عبد القادر الغزى
ومحمد الغزى وعبد الغزى واحمد الوالى ومحمد
افندى حقلرنده معنيةً يامعارضةً وقوع بولان

فحص وتفتيش مضمونى ذكر اولنان صارتلون تام مبلّغ الكلام وساطتيله تماماً بيان اولندقدن صكره مومى اليه قاضيلر رأيسى طرفندن امر اولنديكه متّهم اولان التى نفر بلا حديد مجلس عام اولوب حاميدرايله معاً قاضيلر مواجهه لرنده احضار اولنه لر

بعده كرك قاضيلر رأيسى مذكور اولان نفرلره فرانچه ترجمانلرندن براچويك تام باش ترجمان وساطتيله درلو درلو سؤال ايدوب ذنبلرينى تعذير اتمك ايچون برسوزكز وارمى ديو كنديلرندن استنطاق ايلدكده هرجوابلرنده جرم وذنبلرينى تكراراً اقرار ايدەرك حاميلرينه دخى بر بشقه سوز قالميوب كما فى الاوّل اولدقلرى يرده حبس اولنملرى ضمننده مومى اليه قاضيلر رأيسى طرفندن تنبيه اولندى

بویله اولدقده رایس موسی الیه مذکور قاضیلره خطاب ایدوب بر درلو سؤالکز وارمی دیو استنطاق ایلدکده واونلر دخی بردرلو سؤالمز قالمدی جواب ویروب بناءً علی ذالك مجلسده بولنان خلقی اخراج ومجلس مزبورك قپولرینی سدّ ایتدروب هرماده بروجه شرع حکم وفصل اولنمق ایچون رایس موسی الیه طـرفندن قاضیلره خطابًا اتی سؤال واقع اولدی

السؤال الاوّل

ایشبو ماه پرەریال یکرمی بشنجی کونی فـرانسز سرکردەسی منزلی یغچه سنده فرانچه سرکرده لرندن قلـه بـر اسمیله مشهور جنرالی بالهجـوم قتل وپرووتەن نام فرانسز مهندسی جرح ایتدیکی ایله متهم اولوب یکرمی درت یاشنده

یاشنده اولان سلیمان نام حلبی صوچلومیدر دیو سؤال اولندقده

مذکور اولان جمله قاضیلر بالاتفاق وبراغز ایله صوچلودر دیو جواب ویردیلر

السؤال الثانی

سرکردهٔ موسی الیهی قتل ایتمکه دایر سلیمان مزبورك سوء قصدینی بلەرك حاکملره اخبار ایتمیوب سلیمان مزبورایله اتفاق اوزره ایکن فرار ایدوب جامع لازهرده اولان مقرئ قرآن غزەده دوغمش ومصرده ساکن سید عبد القادر غزی نام نفر صوچلومیدر دیو سؤال اولندقده

مذکور اولان قاضیلر جملەسی صوچلودر دیو براغز ایله جواب ویردیلر

السؤال الثالث

سرکرهٔ موسی الیهی قتل ایتمکه دایر

سليمان مزبورك سوء قصدينی بلهرك حاكملره اخبار اتميوب ومدينهء مصردن سوء قصدينی اجرا اتمك ايچون قاتل مزبورك نه وقتده اخراج ايتديكندن خبردار اولهرق دائماً ساكت اولوب جامع لازهرده مقری قران اولان غزهده دوغمش يكرمی بش ياشنده محمد غزی نام نفر صوچلومی‌در ديو سؤال اولندقده

مزدور قاضيلر جملهسی صوچلودر ديو براغزايله جواب ويرديلر

السؤال الرابع

سركردهٔ مومی الهی قتل اتمكه داير سليمان مزبورك سوء قصدينی بلهرك حاكملره هيچ برشی اخبار اتميوب جامع الازهرده اولان مقرّی قران غزهده دوغمش اوتوز ياشنده عبد الله غزی نام نفر صوچلومی‌در ديو سوال اولندقده

مزبور قاضیلر جملەسی صوچلودر دیو بر اغز ایله جواب ویردیلر

السؤال الخامس

سرکردهٔ مومی الیهی قتل اتمکه دایر سوء قصدینی بلمەرك حاکملره هیچ برشی اخبار اتمەیوب جامع الازهرده اولان مقرئ قران غزەده دوغمش احمد الوالی نام نفر صوچلومیدر دیو سوال اولندقده

مزبور قاضیلر جملەسی صوچلودر دیو بر اغز ایله جواب ویردیلر

السؤال السادس

سلیمان مزبور ایله اتفاق اوزره اولدیغی شبهه سیله متهم اولوب بروصەده دوغمش سکسن بر یاشنده اولان محمد افندی صوچلومیدر دیو سؤال اولندقده

مزبور قاضیلر جملەسی صوچلو دکلدر دیو

جوابه ویروب محمد افندینک مزبورک اطلاق
وخلاصنی بر اغز ایله امر وتنبیه ایتدیلر

بوندن صکره متّهم اولوبه ذنبلری تماماً
اثبات اولنان بش مذکور نفر قتل واعدام
اولنملری فرانجه محکمه سینک وکیلی طرفندن
طلب اولندقده

ومزبور قاضیلر دخی ذکر اولنان مذنبلره
جزالردن نه جنس جزا ترتیب ایده جکلرینی
مشاوره ایدوب وبوکا دایر جنرال انشف منو
موسی الیهک امری قرائت اولنه رق امر مزبورک
بشنجی شرطنده کورک جنرال انشف قلعه بر
موسی الیهک قاتلی ایچون کورک قاتل مزبورک
متفقلری ایچون ذکر اولنان قاضیلر نه مناسب
کوردکلری جزایی ترتیب ایده لر دیو تحریر
اولنمغله بناءً علی ذالک مزبور قاضیلر بوملکتنک
الفه بی ولک تعقّلبی ایچون مستعمل اولان

جـزايى اختيار ايمك فعل وقطع ايلدكده
سليمان حلبى نام قاتلك صاغ اليلنك اوجنى
احـراق وجسم خبيثنى خازوقه اوروله نسور
وقرغه‌لر وبو قوشلر مقوله سنيدن اكل وبلـع
اولنجيه‌دك خازوقده براقوب بـونجزانك
اجراسى قسيم بيك برجينك زوقنده جنـرال
انشف قـتله‌بـر موسى اليه دفن اولنديغى
كـبى فرانسز عساكرى حاضر اولوب دفـن
مـزبورك تماشاسيچون اجتماع اولنان خلق
مواجهه سنده عمل اولنه ديـو سالف الذكر
اولان قاضيلـر حكـم شرع ايتديلر وبونلـدن
صكره قاچيقون اولان سيد عبد القادر ظهور
ايتديكى كبى قتل اولنوب جميع اموالى ميرهدن
ضبط وبو فتوانك حتى باشى اصلاحجـى عصا
اوزرينه ياپشون ديو مزبور قاضيلر حكم شرع

ايتديلر وكرك محمد الغزى ايلة عبد الله غزى كرك احمد الوالى روءوسلرى قطع اولنوب مذكور اولان يرده اوچ عصا اوزرينه دكلوب جسملرى احراق اولنسون ديو مزبور قاضيلر حكم شرع ايتديلر وذكر اولنان مذنبلردن اولاً عبد الله غزى ثانيًا احمد الوالى ثالثًا محمد غزى رابعًا سليمان حلبى جزا اولنهلر

ايشبو حكم شرع تركجه وعربجه ترجمه اولنوب بشيوز بصمه صورتى ياپلدقدن صكره لازم اولان يرلرده ياپشيلوب ذكر اولنان حكم شرع اجراسى صارتلون نام مبلغ الكلام عهده سنده اولا

تحريرًا فى مدينة مصر فى اليوم والشهر والسنه المحررين اعلاه ومحكمه كاتبى ايله معًا

جمله ذکر اولنان قاضیلر امضالرینی تحریر ایندیلر

ممضی فی اصله ۞

رئیسه نزل امینی ۞

فور برتران غوغه ۞

موران ۞

مارتنه ۞

لهروی ۞

روبین ۞

بیوك جنرال رئیه ۞

وپینه ۞

ایشبو حکم شرع مضمونی مذنبلره لوماقا ترجمان وساطتیله قرات وبیان اولندقده ذکر اولنان مذنبلر بر درلو جواب کندیلره

قالمديغنى اقرار ايدوب معيّن اولان يرده ماه
بره ريالك يكرمى سكزنجى كونى بر ساعت
اويله دن اوّل جزاللرى ترتيب اولندى

تحريرًا فى مصر فى ثمانيه وعشرين بره ريال
سنه ٨ من اقامة الجمهور الفرنساوى

ممضى فى اصله

مارتلون

وپينه

طبق لاصله

پينه محكمه كاتبى

تم تم

تم

TRADUCTION

ARABE

Des Pièces relatives à la Procédure et au Jugement de SOLEYMAN EL-HHALEBY, *assassin du* GÉNÉRAL EN CHEF KLEBER.

مجمع التحريرات المتعلقة
إلى ما جرى باعلام
ومحاكمة سليمان الحلبي
قاتل صاري عسكر
العام كلهبر

بمصر القاهرة
بمطبعة الجمهور الفرنساوي

في سنة ٨ من اقامة الجمهور

بيان شرح الاطلاع
علي جسم صاري عسكر
العام كلهبر

يوم الخامس وعشرين من شهر برريال من السنة الثامنه من انتشار الجمهور الفرنساوي نحن الواضعين اسماينا وخطنا فيه باش حكيم والجرايحي من اول مرتبه الذي سادد مرتبة باش جرايحي في غيبته انتهينا حصة ساعتين بعد الظهر الي بيت صاري عسكر العام في الازبكيه بمدينة مصر وكان

سبب مروحتنا هو اننا سمعنا دقت الطبله وغاغة
الناس التي كانت تخبر ان صاري عسكر العام
كلهبر انغدر وقتل وصلنا له فرايناه في اخر نفس
فحصنا جروحاته فتحقق لنا انه قد انضرب بسلاح
مدبدب واحد وجروحاته كانت اربعه الاول منهم
تحت البز في الشقة اليمني الثاني اوطي من الاول
جنب السوع الثالث في الدراع الشمال نافد من
شقه لشقه والرابع في الخد اليمين فبهذا حررنا
البيان بالشرح في حضور الدفتردار سارتلون الذي
وضع اسمه فيه كمثلنا لاجل يسلم البيان المذكور
الي صاري عسكر مدبر الجيوش

تحريراً في صرايه صاري عسكر العام في النهار
والسنة المذكوره في الساعه الثالثه بعد الظهر

ممضي

برانين حكيم دجنط *

الجرايحي من اول مرتبه اكازابيانكا *

والدفتردار سارتلون *

شرح جروحات

السيتوين بروتاين المهندس

نهار تاريخه خمسه وعشرين من شهر بورىال السنة الثامنه من انتشار الجمهور الفرنساوى في الساعة الثالثه بعد الظهر نحن الواضعين اسماينا وخطنا فيه باش حكيم وجرايحي من اول مرتبه الذي ساكد مرتبة باش جرايحي في غيبته انطلبنا من الدفتردار سارتلون اننا نعمل بيان شرح جروحات السيتوين بروتاين المهندس وعضو من اعضا مدرسة العلما في بر مصر الذي انغدر هو ايضًا في جنب صاري عسكر العام كلهبر حين قصد يحمي عنه نحن رايناه في اوضه من بيت صارى عسكر مدبر الجيوش ومضروب ستة امرار بسلاح مدبدب وله حد وهذا بيان الجروحات الاول جنب الصدغ الشمال سلخ الجلد وقطع عرق الصدغ

الثاني في الكف في عضمة الصباع الخنصر الثالث بين الضلوع الشماليه الرابع في البطن من الشقة الشماليه الخامس في الشدق الشمالي والسادس في الصدر من الشقه الشماليه وشق بخفه العرق ثم الي تاييد ذلك وضعنا اسماينا وخطنا فيه برفقة الدفتردار سارتلون

تحريراً في صرايه صاري عسكر مدبر الجيوش في اليوم والشهر والسنه والساعه المرقومه اعلاه

ممضي

باش حكيم دجنط *

الجرايحي من اول مرتبه كازابيانكا *

والدفتردار سارتلون *

اول فحص سليمان الحلبي

نهار تاريخه خمسه وعشرين في شهر برريال من السنة الثامنه من انتشار الجمهور الفرنساوي في بيت صاري عسكر داماس مدبر الجيوش واحد فسيال من ملازمين بيت صاري عسكر العام حضر وبيده ماسك راجل من اهل البلد مدعيًا ان هذا هو الذي قتل صاري عسكر العام كلهبر المتهوم المذكور انعرف من السيتوين برونتاين المهندس الذي كان مع صاري عسكر حين انغدر لان هو ايضًا انضرب برفقته بالخنجر ذاتــه وانجرح بعض جروحات ثانيـًـا المتهوم المذكور كان انشاف بين جماعة صاري عسكر من حد الجيزه وانوجد مخبي في الجنينه الذي حصل فيها القتل وفي الجنينــه نفسها انوجــد الخنجر الذي بــه انجرح صاري عسكر وبعض حوايج ايضًا بتوع المتهوم

حالًا بدي الفحص بحضور صاري عسكر منو الذي هو اقدم اقرانه في العسكر ومتسلم في مدينة مصر والفحص المذكور صار بواسطة الخواجا براشويش كاتم سر وترجمان صاري عسكر العام ومحرر من يد الدفتردار سارتلون الذي احضره صاري عسكر منو لاجل ذلك

المتهوم المذكور انسال عن اسمه وعمره ومسكنه وصنعته فجاوب انــه يسمي سليمان ولادة بــر الشام وعمره اربعــة وعشرين سنه ثم صنعته كاتب عربي وكانت سكنته ــفي حلب

انسال كام زمان له في مصر

فجاوب ان بقي له خمسة اشهر وانه حضر في قافلـــه وشيخها يسمي سليمان بوربجي

انسال عن ملته

فجاوب انه من ملة محمد وانه كان سابق سكـــن ثلاثة سنين ــفي مصر وثلاثـــة سنين اخري ــفي مكه والمدينه

انسال هل يعرف الوزير الاعظم وهل له مده ما شافه

فجاوب ان ابن عرب مثلــه ليس يعرف الوزير الاعظم

انسال عن معارفه في مدينة مصر

فجاوب انه لم يعرف احد واكثر قعاده في جامع الازهر وجملة ناس نعرفـه واكثرهم يشهدوا في مشيه الطيب

انسال هــل راح صباح تاريخــه الي الجيزه

فجاوب نعم وانه كان قاصد ينشبك كاتب عند احد ولكن ما قسم له نصيب

انسال عن الناس الذين كتب لهم امس

فجاوب ان كلهم سافروا

انسال كيف يمكن انه لم يعرف احد من الذين كتب لهم في الايام الماضيه وكيف يكونوا كلهم سافروا

فجاوب انه ليس يعرف الذين كان يكتب لهم وان غير ممكن يفتكر اسمايهم

انسال من هو الاخراني الذي كتب له

فجاوب انه يسمي محمد مغربي السويس بياع عرقسوس وانه لم كتب لاحد في الجيزه

انسال ثانيًا عن سبب روحته للجيزه

فجاوب دايمًا انه كان قاصد ينشبك كاتب

انسال كيف مسكوه في جنينة صاري عسكر

فجاوب انه ما انمسك في الجنينه بل في عارض الطريق

فذاك الوقت انقال له انه ما بيحكي الصحيح لان عسكر الملازمين مسكوه في الجنينه وفي المحل ذاته انوجدت السكينه وفي الوقت انعرضت عليه

فجاوب صحيح انه كان في الجنينه ولكن ما كان مستخبي بل قاعد لان الخياله كانت ماسكه الطرق وما كان يقدر يروح للمدينه وان ما كان عنده سكينه ولم يعرف ان كان هذا موجود في الجنينه

انسال لاي سبب كان تابع صاري عسكر من الصبح

فجاوب ان كان مراده فقط يشوفه

انسال هل يعرف حتة قماش خضرة التي باينه مقطوعه من لبسه وكانت انوجدت في المحل الذي انغدر فيه صاري عسكر

فجاوب ان هذه ما هي تعلقه

انسال ان كان تحدث مع احد في الجيزه وفي اي محل نام

فجاوب انه ما تكلم مع ناس الا لاجل مشتري بعض مصالح وانه نام بالجيزه في جامع

فاشاروا له علي جروحاته التي ظاهره في دماغه وقيل له ان هذه الجروحات ينبوا انه هو الذي غدر صاري عسكر لان ايضا السيتوين بروتاين الذي كان معه عرفه وضربه كام عصايه الذين جرحوه

فجاوب انه ما انجرح الا ساعة ان مسكوه

انسال ان كان تحدث نهار تاريخه مع حسين كاشف او مع مماليكه

فجاوب انه لم شافهم ولا كلمهم

فلما ان المتهوم المذكور لم كان يصدق في جواباته امر صاري عسكر انهم يضربوه حكم عوايد البلاد فحالا انضرب لحد انه طلب العفو واوعد انه يقر في الصحيح فارتفع عنه الضرب وانفكت له سواعده وصار يحكي من اول وجديد كما هو مشروح

انسال كام يوم له في مدينة مصر

فجاوب ان له واحد وثلاثين يومًا وانه حضر من غزه في ستة ايام على هجين

انسال لاي سبب حضر من غزه

فجاوب لاجل يقتل صاري عسكر العام

انسال من الذي ارسله لاجل يفعل هذا الامر

فجاوب انه ارسل من طرف اغات الانكشاريه وان حين رجعوا عساكر العثملي من مصر الى بر الشام ارسلوا الى حلب بطلب شخص يكون قادر على قتل صاري عسكر العام الفرنساوي واوعدوا لكل من يقدر على هذه الماده يسمى ...... في

الوجاقات ويعطوه دراهم ولاجل ذلـــك هو تقدم وعرض روحه لهذا

انسال من هم الناس الذين تصدروا له في هذه الماده في بر مصر وهل سار احداً على نيته

فجاوب ان لم احداً تصدر له وانه راح سكن في جامع الازهر وهناك شاف السيد محمد العدسى والسيد احـــد الـــوالي والشيخ عبد الله الغزي والسيد عبد القدير الغزي الذين ساكنين في الجامع المذكور فبلغهم علي مراده فهم شاروا عليه انه يرجع عن ذلك لان غير ممكن يطلع من يده ويموت فرط وان كان لازم يستخصوا واحد غيره في قضي هذه الماده ثم انه كل يوم كان يتكلم معهم في الشغل المذكور وان امس تاريخه قال لهم انه رايح يقضي مقصوده ويقتل صاري عسكر وانه توجه الي الجيزه حتي ينظر ان كان يطلع من يده وان هناك قابل النواتيه بنوع قنجة صاري عسكر فاستخبر عليه منهم ان كان يخرج برا فسالوه ايش طالب منـــه

فقال لهم ان مقصوده يتحدث معه فقالوا له ان كل ليله ينزل في جنينتــه ثم صباح تاريخــه شاف صاري عسكر معدي للمقياس وبعده مــاشي الي المدينه فتبعــه لحين ما غدره

هذا الفحص صار من حضرة صاري عسكر منو بحضور باقي صواري العساكر الكبار وملازمين بيت صاري عسكر العام ثم اختتم بامضة صاري عسكر منو والدفتردار سارتلون في اليوم والشهر والسنة المحرره اعلاه ثم انقري علي المتهوم وهو ايضاً خط خط يده واسمه بالعربى (سليمان)

امضة صاري عسكر عبد الله منو *
امضة صاري عسكر فريانت *
امضة صاري عسكر رينيه *
امضة صاري عسكر داماس *
امضة الجنرال والنتبين *

امضة الجنرال موراند *

امضة الجنرال مارتينه *

امضة دفتردار البحر لروا *

امضة الدفتردار سارتلون *

امضة الترجمان لوماكا *

امضة الترجمان حنا روكه *

امضة داميانوس براشوويش كاتم السر وترجمان صاري عسكر العام *

فحص الثلاثة مشايخ المتهمين

نهار تاريخه خمسه وعشرين في شهر بريريال السنه الثامنه من انتشار الجمهور الفرنساوي في الساعه الثامنه بعد الظهر حضروا في منزل صاري عسكر العام منو امير الجيوش الفرنساويه السيد عبد الله الغزي ومحمد الغزي والسيد احمد الوالي وهم الثلثه متهومين في قتل صاري عسكر العام كلهبر

فصاري عسكر منو امر بفحصهم فبدي ذلك حالاً في حضور بعض صواري العساكر المجتمعين لذلك وبواسطة السيتوين لوماكا الترجمان كما يذكر ادناه

السيد عبد الله الغزي هو الذي انسان لولاً لوحده

انسال علي اسمه وعمره ومسكنه وصنعته

فجاوب انه يسمي السيد عبد الله الغزي ولادة غزه ومسكنه في مصر في جامع الازهر وهناك كان كاره مقري القران وانه لم يعرفه كام عمره ولكن تخمينه يجي ثلاثين سنة

انسال ان كانت سكنته في جامع الازهر وهل يعرف جميع الغربا الذين يدخلوه

فجاوب انه ساكن ليل ونهار ويعرف الغربا الذين فيه

انسال هل يعرف رجل حضر من بر الشام من مدة شهر

فجاوب ان من مدة خمسين يوم ما شاف احدًا حضر من بر الشام

فقيل له ان رجل من طرف عرضي الوزير حضر من مدة ثلاثين يوم قال انه يعرفك

والظاهر انك لم تتكلم بالصدق

فجاوب انه ملهي دايمًا في وظيفته وانه ما شاف احد من بر الشام بل سمع ان قافلة كانت وصلت من ناحية الشرق

فقيل له ايضًا ان ناس حضروا من بر الشام يقولوا انهم تكلموا معه ويعرفوه

فجاوب ان هذا غير ممكن وانهم يقابلوه مع الذي فتن عليه

انسال هل يعرف واحد اسمه سليمان كاتب عربي حضر من حلب من مدة ثلاثين يوم

فجاوب لا

فقيل له ان هذا الرجل يحقق انه شافه وانه اخبره ببعض اشيا لازمه

فجاوب انه لم شافه وان هذا الرجل كذاب وانه يريد يموت ان كان ما يحكي الصحيح

فحالًا صاري عسكر نده الي محمد الغزي الذي

هو

هو ايضًا متهوم في قتل صاري عسكر وبدي الغحص كما يذكر

انسال على اسمه وعمره ومسكنه وصنعته

فتجاوب انه يسمي الشيخ محمد الغزي وعمره نحو خمسة وعشرين سنه وولادة غزه وسكن بمصر في جامع الازهر ثم صنعته مقري القران من مدة خمسة سنين وما يخرج من الجامع الا لكي يشتري ما ياكل

انسال هل يعرف الغربا الذين يجوا بسكنوا في الجامع

فتجاوب ان في بعض الاوقات يحضر ناس غرب واما البواب هو الذي يفارشهم ومن قبله ينام بعض ليالي في الجامع والبعض في بيت الشيخ الشرقاوي

انسال هل يعرف رجل يسمي سليمان حضر من بر الشام من مدة ثلاثين يوم

فتجاوب انه لم يعرفه وان غير ممكن يشوف كل الناس لان الجامع كبير قوي

انسال انه يحكي علي الذي تكلمه معه سليمان لان المذكور يحقق انه تكلم معه في الجامع

فجاوب انه يعرفه من مدة ثلاثة سنين وانه كان عنده خبر انه راح مكه واما من بعده لم عاد شافه ولم يعرف ان كان رجع

انسال هل السيد عبد الله الغزي يعرفه ايضًا

فجاوب نعم

فقيل له تحقق ان امس تاريخه سليمان المذكور تحدث معه حصه طيبه وان الشواهد موجودة

فجاوب ان هذا صحيح

انسال لاي سبب كان بدي يقول انه ما شافه

فجاوب ان تخمينه ما قال هذا وان التراجمين غلطوا

انسال هل سليمان المذكور ما بلغه عن شي مذنب قوي وتحقيقًا لذلك معلوم عندنا انه كان قصده يحوشه

فجاوب انه لم يعرف هذا الامر وان سليمان

المذكور راح واجي كام مرة الي مصر وبقي له هنا مقدار شهر

فقيل له ان موجودة شواهد ان سليمان المذكور كان اخبره ان مراده يغدر صاري عسكر العام وانه اراد يمنعه

فجاوب انه ما بلغه عن هذا الامر بل امس تاريخه قال له انه رايح ويمكن لم بقي يرجع

فبعده احضرنا عبد الله الغزي لاجل ينفحص ثانياً كما يذكر ادناه

انسال لاي سبب قال انه لم يعرف سليمان الحلبي حين سالوه عنه بحيث ان موجوده شواهد ان هذا له في مصر واحد وثلاثين يوم وانه تقابل وياه جملة امرار وتحدث معه اكثر الايام

فجاوب حقًا انه لم يعرفه

انسال هل يعرف واحد يسمي محمد الغزي الذي هو مثله مقري القران في جامع الازهر

فجاوب نعم

فحالًا الاثنين المذكورين تقابلوا مع بعض

انسال محمد المذكور ان كان ما قال ان السيد عبد الله يعرف سليمان المذكور

فجاوب نعم قال

انسال السيد عبد الله المذكور لاي سبب ذكر بذلك

فجاوب ان كانوا لخبطوا عليه بالسوال وان هذا الوقت بحيث انهم سالوه علي سليمان الذي من حلب فيقر انه يعرفه

فقيل له ان معلوم عندنا انه شافه امرار كثيره وتحدث معه

فجاوب ان بقي له ثلاثة ايام ما شافه

انسال هل انه ما قصد يمنعه عن قتل صاري عسكر العام

فجاوب ان ما قال له ابدًا علي هذا الامر وان لو كان بلغه منه ذلك كان منعه بكل قدرته

انسال لاي سبب ما يحكي الصحيح

بحيث ان موجوده عليه شواهد

فجاوب ان غير ممكن يوجد عليه شواهد وانه لم شاف سليمان المذكور الا لاجل يسلموا علي بعض حين تقابلوا

انسال هل سليمان ما اخبره ابدا عن سبب مجيه الي مصر

فجاوب حاشا

فبعد ذالك وخروا الاثنين المذكورين واحضروا السيد احمد الوالي الذي هو متهوم وانسال كما يذكر

انسال علي اسمه وعمره ومسكنه وصنعته

فجاوب انه يسمي السيد محمد الوالي ولادة غزه وصنعته مقري القران في جامع الازهر من مدة عشرة سنين ولم يعرف كام عمره

انسال هل يعرف الغربا الذين يدخلوا في الجامع

فجاوب ان وضيفته يقري وليس ينتبه الي الغربا

فقيل له ان بعض الغربا الذين حضروا هنا عن قريب يقولوا انهم شافوه في الجامع

فجاوب انه لم شاف احدًا

انسال هل شاف رجل حضر من بر الشام من طرف الوزير وهذا الرجل قال انه يعرفه

فجاوب لا وان كان يقدروا يحضروا هذا الرجل حتي يقابله

انسال هل يعرف سليمان الحلبي

فجاوب انه يعرف واحد يسمي سليمان الذي كان يروح يقري عند واحد افندي وكان طالب انه يستقيم في الجامع وان هذا الرجل قال له انه من حلب ومن مدة عشرين يوم كان شافه وبعده لم عاد قابله ثم كان قال له ان الوزير في يافا وان عساكره ما كان عندهم دراهم وكانوا يفوتوه

انسال هل هذا الرجل المذكور ما هو تحت حمايته

فجاوب انه لم يعرفه طيب حتي يضمنه

انسال هـــل الاثنين الاخرين المتهومين هم معارفه وهل ان الثلاثه تحدثوا سوا عن قريب ام امس تاريخه مع سليمان المذكور

فجاوب لا بل انه يعرف ان سليمان المذكور كان حضر لزيارة الجامع وانه وضع في الجامع جملة اوراق مضمونهم انه كان قوي متعبد بخالقه

انسال هـــل المذكور امس ايضًا ما وضع اوراق في الجامع

فجاوب ان لم عنده خبر بذلك

انسال هل ما منع سليمان عن فعل ذنب بليغ

فجاوب انه ابدًا لم حدثه بهذا الشي ولكن كان قال له ان مراده يفعل شي جنون وانـــه عمل كل جهده حتي يرجعه

انسال ايش هـــو الجنان الذي قاصد يعملـــه وحدثه عليه

فجاوب انه قال له ان كان مراده يغازي في سبيل الله وان هذه المغازاة هي قتل واحد نصراني ولكن

لم الخبرة باسمه وانه قصد يمنعه بقوله ان ربنا اعطي القوه للفرنساويه وان لم احداً يقدر يمنعهم عن حكم البلاد

فبعد هذا المتهوم المذكور انشال لمحله وهذا الفحص انختم بحضور صواري العساكر المجموعين بامضة صاري عسكر منو والدفتردار سارتلون الذي هو ذاته حرر هذا الفحص بامر صاري عسكر منو ثم بعد قرائته على المتهومين وضعوا اسمايهم وخطهم بالعربى

تحريراً في اليوم والشهر والسنه المحرره اعلاه ثلاثة لمضاة بالعربى

امضة صاري عسكر منو *

امضة الدفتردار سارتلون *

امضة الترجمان لوماكا *

صاري عسكر العام منو
امير الجيوش الفرنساوي
في مصر

يأمر

المادة الاولة

ان ينشي ديوان قضاه لاجل يشرعوا علي الذين غدروا صاري عسكر العام كلهبر في اليوم الخامس والعشرين من شهر برريال

المادة الثانية

القضاه المذكورين يكونوا تسعه وهم

صاري عسكر رينيه

صاري عسكر فريانذ
صاري عسكر روبين
الجنرال موراند
ريس العسكر جوجه
ريس المدافع فاور
ريس المعمار برتراند
الوكيل رجنيه
دفتردار البحر لروا
والدفتردار سارتلون في وظيفة مبلّغ
والوكيل لبهر في وظيفة وكيل الجمهور

المادة الثالثه

القضاه المذكورين ينظروا لهم كاتم سر

المادة الرابعة

القضاه المذكورين متفوضين الامر في الكشف والتفتيش وحوش كلمن يريدوا حتي انهم يطلعوا علي الذين لهم حصه في الذنب المذكور او يكون عندهم خبره

المادة الخامسة

القضاه المذكورين يتفقوا علي العذاب اللايق الي موت القاتل ورفقاته

المادة السادسة

القضاة المذكورين يجتمعوا من نهار تاريخه الذي هو ٢٦ من شهر برريال لحد خلاص الشريعة المذكوره

امضة صاري عسكر منو *

وهذه نسخه من الاصل

امضة الجنرال رنه كنخذي مدبر الجيوش

شرح اجتماع القضاة

في السنة الثامنة من انتشار الجمهور الفرنساوي وفي اليوم السادس والعشرين من شهر بريريال حكم امر صاري عسكر العام منو امير الجيوش الفرنساويه المحرر في نهار تاريخه اجتمعوا في بيت صاري عسكر رينيه صاري عسكر رينيه المذكور وصاري عسكر روبين ودفتردار البحر لروا والجنرال مارتينه عوضاً عن صاري عسكر فريانت حكم امر صاري عسكر منو ثم الجنرال موراند ورئيس العسكر جوجه ورئيس المعمار برتراند ورئيس المدافع فاور والوكيل رجنيه والدفتردار سارتلون في رتبة مبلغ والوكيل لبهر في وظيفة وكيل الجمهور لاجل قضي شريعة قتل صاري عسكر العام كلهبر الذي انغدر امس تاريخه

القضاة

القضاة المذكورين اجتمعوا مع شيخهم صاري عسكر رينييه وقروا امر صاري عسكر منو المشروح اعلاه وحكم المادة الثالثة المحررة فيه استخصوا كاتم السر لهم الوكيل بينه الذي حلف كما هي العوايد ولزم وظيفته

ثم القضاة المذكورين وكلوا صاري عسكر رينييه والمبلغ الدفتردار سارتلون في التفتيش والحبس لكل من اكتشفوا عليه حكم ما هو محرر في المادة الرابعة المحرره اعلاه وهذا لكي يظهروا رفقات القاتل ثم ان السكينة التي انوجدت مع القاتل حين انمسك تبقى عند كاتم السر لاجل يظهرها في الوقت الذي يلزم ثم اوعدوا المجلس لصباح تاريخه في الساعة الرابعة قابل الظهر ثم حرروا خط يدهم مع كاتم السر

امضة الوكيل رجنيه *

امضة ريس المعمار برترانت *

امضة ريس المدافع فاور *

امضة رييس العسكر جوحه *

امضة الجنرال موراند *

امضة الجنرال مارتينه *

امضة دفتردار البحر لروا *

امضة صاري عسكر رودبين *

امضة صاري عسكر رينيه *

امضة كاتم السر بينه *

اقرار الشهود

نهار تاريخه في ستة وعشرين شهر بريريال السنة الثامنـــة من انتشار الجمهور الفرنساوي نحن الواضعين اسمائنا فيه الدفتردار سارتلـون المسمي من حضرة صاري عسكر العام منو امير الجيوش في وظيفة مبلغ حكم الامر الذي خرج من طرفه انتشار القضاة في شرح القاتلين صاري عسكـر العام كلهـبر والسيتوين بينه المسمي من القضاة المذكورين في مرتبة كاتـم السـر ان محضر بين يدينا يوسف برين عسكري خيال من الطبجيه الملازمين بيت صاري عسكر العام وقال لنا هـو ورفيقه خيال ايضاً يسمي روبـرت مسكوا المسلم سليمان المتهوم في غـدر صاري عسكـر العام وانهم وجدوه في الجنينـة التي معمول فيها الحمامين الفرنساوية الملتزقة بجنينة صاري عسكر

وانهم راوه مخبي بين حيطان الجنينة المهدودين وان الحيطان المذكورين كانوا ملغمطين دم في بعض نواحي وان سليمان المذكور كان ايضًا ملغمط دم وانهم مسكوه في هذه الحالة وان بعده التزموا يضربوه بالسيف لاجل يمشوه ثم بوين المذكور قال ان بعد حوشة سليمان بساعة في الموضع ذاته الذى كان مخبي فيه شاف سكينة بدمها وانه سلّم السكينة في بيت صارى عسكر العام .

فقرينا عليه اقراره هذا وسالناه هل فيه شي زايد ام ناقص فجاوب ان هذا كل الذي فعله وعاينه ثم جرى خط يده معنا .

امضة بوين الخيال *

امضة سارتلون *

امضة كاتم السر بينه *

ثم

ثم حضر ايضاً بين ايدينا الشاهد الثاني وهو السيتوين روبرت الخيال احد الطبجيه الملازمين وقال انه حين كان يفتش علي الذي قتل صاري عسكر دخل في الجنينة التي فيها الحمامين الفرنساوية لزق جنينة صاري عسكر العام وهناك شاف برفقه برين المذكور سليمان الحلبي مستخبي في ركن حيطان مهدودة وكان ملغمط دم وفي راسه شرموط زرقا وان في هذه الحالة عرفه ان هذا القاتل وان الحيطان الذي كان فات عليهم كانوا ايضاً ملغمطين دم وان حين مسكوه بان منه وهم وان بعد حوشته بساعة شاف برفقة السيتوين برين في الموضع ذاته سكينة بدمها وانهم سلموها في بيت صاري عسكر العام والسكينة المذكورة كانت مخبية تحت الارض

فقرينا عليه اقراره هذا ثم سالناه ان كان ما فيه زايد ام ناقص فجاوب ان هذا هو الذي

فعله وشافه ثم حرر خط يده معنا

حرر بمدينة مصر في النهار والشهر والسنة المحررة اعلاه

امضة روبرت الخيال *

امضة سارتلون *

امضة كاتم السر بينه *

انا الدفتردار سارتلون المبلغ رحت الي بيت السيتوين بروتاين لانه كان راقد بسبب جروحاته ثم استلمت منه التبليغ الاتي ادناه

انا حنا قسطنطين بروتاين المهندس وعضو من مدرسة العلم في بر مصر انني كنت اتمشور تحت التكعيبة الكبيرة التي في جنينة صاري عسكر وتطل علي بركة الازبكية وكنت برفقة صاري عسكر العام فنظرت رجل لابس عثملي خارج من مبتدي التكعيبة من جنب الساقية فاذا كنت بعيد كام خطوة عن صاري عسكر والتفتت لورا محالاً سمعت صاري عسكر ينده علي الغفر فانتبهت

لاجل شوف السيرة رايت ان الرجل المذكور بيضرب صاري عسكر بالسكينة فرحت لاجل خلصه منه فالرجل ضربني بالسكينة ذاتها كام مرة فارتميت علي الارض وفي الوقت سمعت صاري عسكر يصرخ ثانيًا فهميت ورحت قريبًا من صاري عسكر فرايت الرجل بيضربه فهو ضربني ثانيًا كام سكينة الذين رموني وغيبوا صوابي ولم عدت نظرت شي غير انني اعرف طيب اننا قعدنا مقدار ستة دقايق قبل ما احداً يسعفنا

فبعده قريت هذا الاقرار علي السيتوين بروتين وسالته هل فيه زايد ام ناقص فجاوب ان هذا الذي فعله وعاينه ثم حط خط يده معنا

امضة بروتاين *

امضة سارتلون *

امضة كاتم السر بينه *

والسيتوين برونابن بعد ما ختم الورقة اعلاه قال ان مقصوده يضيف عليها ان بعد غدر صاري عسكر بزمان قايل حين شاف سليمان الحلبي الذي منهوم في غدره وغدر صاري عسكر العام عرفه انه هو ذاته الذي كان ضرب صاري عسكر بسكينه في الجنينة ورماه على الارض وان السيتوين برونابن كان ضربه بعصاية حين هم عليه لاجل يحامي عن صاري عسكر وبعده ضربه سليمان المذكور كام سكينه فيبوا صوابه

فقرينا ايضًا عليه هذه الاضافة فيجاوب انها حاوية الحق ولم فيها زايد ولا ناقص ثم ختمها معنا

امضة برونابن *

امضة سارتلون *

امضة كاتم السر بينه *

نهار تاريخه ستة وعشرين في شهر بريال السنة الثامنة من انتشار الجمهور الفرنساوي انا الواضع اسمي فيه مبلّغ القضاة المامور في شرع قتلة صاري عسكر العام كلهبر ندهت الي مساعدين صاري عسكر المذكور لاجل اسمع اقرارهم ثم كان معي كاتم السر بينه وهم قالوا لنا كما يذكر ادناه

السيتوين فورتونه دهوج ابن اربعة وعشرين سنة فسيال في طابور الخياله ومساعد عند صاري عسكر العام كلهبر قال انه في اليوم الخامس والعشرين من شهر بريال كان مع صاري عسكر العام حين حضر الي الازبكية يشوف بيته الذي كان داير فيه العمار وانه شاف رجل بعمه خضره ولابس دلق وحش وكان دايمًا تابع صاري عسكر حين كان داير يتفرج علي المحلات وانه هو وخلافه حسبوا هذا الرجل من جملة الفعلة فما احدًا ساله ولكن حين نزل صاري عسكر

من بيته الي الجنينة لاجل ينفذ الي جنينة صاري عسكر داماس السيتوين دهوج شاف الرجل المذكور مدخوش بين جماعة صاري عسكر فنهر فيه وطرده برّا

فبعد ساعتين حين انغبر صاري عسكر السيتوين دهوج المذكور عرف دلتي الخاين لانه كان رماه جنب صاري عسكر وبعده حين انمسك الرجل فعرفه انه هو الذي كان قبل بشويه طرده من الجنينة

ثم انقري هذا المضمون علي السيتوين دهوج المذكور لاجل يبان هل يوجد شي خلافه يزيد ام ينقص فجاوب ان هذا الحق حكم ما عاين وفعل ثم حرر خط يده مع كاتم السر

تحرر يراً في اليوم والشهر والسنة المحررة اعلاه

امضة السيتوين دهوج *

امضة شارلتون *

امضة بينه كاتم السر *

ثاني فحص سليمان الحلبي

نهار تاريخه سنة وعشرين من شهر بورريال السنة الثامنة من انتشار الجمهور الفرنساوي نحن الواضعين اسماينا فيه الدفتردار سارتلون برتبة مبلّغ والوكيل بينه في رتبة كاتم سر القضاة المتقامين الي شرع كل من متهوم في غدر صاري عسكر العام كلهبر احضرنا سليمان الحلبي لاجل نساله من اول وجديد علي صورة غدر وقتل صاري عسكر وهذا صار بواسطة السيتوين براشويش كاتم سر وترجمان صاري عسكر العام كما يذكر ادناه

انسال المذكور علي قصة قتل صاري عسكر

فجاوب انه حضر من غزه مع قافلة حاملة صابون ودخان وانه كان راكب هجين وبحيث ان القافله كانت خايفه تنزل في مصر توجهت الي

ريف يسمي الغيط في ناحية الالفيه وهناك استنكري حمار من واحد فلاح وحضر لمصر ولكن لم يعرف الفلاح صاحب الحمار

ثم ان احمد اغا وياسين اغا اغوات الانكشارية بحلب وكلوه في قتل صاري عسكر العام بسبب انه يعرف مصر طيب بحيث انه سكن فيها سابق ثلاثة سنوات وانهم كانوا وصوه انه يروح يسكن في جامع الازهر وان لايعطي سره لاحد كليًا بل يوعي لروحه ويكسب الفرصة في قضي شغله لانها مادة تحب السر والنباهة ثم يعمل كل جهده حتي يقتل صاري عسكر

لكن حين وصل الي مصر التزم يسارر الاربع مشايخ الذي اخبر عنهم لان لوكان ما قال لهم فلم كانوا يسكنوه في الجامع وانه كان كل يوم يتحدث معهم في هذا الامر وان المشايخ المذكورين قصدوا يغيروا عقله عن هذا الفعل بقولهم انه ما يقدر عليه وهو ما دعاهم

لمساعدته لانه كان يعرفهم بلبليين

وان يوم الذي قصد التوجه فيه ليقتل صاري عسكر قابل احدهم الذي هو محمد الغزي فعرفه ان مقصوده يتوجه الي الجيزه ليفعل مراده ثم انه مضى وحده ليفعل هذا الغدر

وان تخمينه انه مثل المجنون من حين اراد ينقضي هذا الامر لانه لوكان له عقل ماكان حضر من غزه لهذا الامر

وان الاوراق الذين وضعهم في الجامع هم بعض ايات من القران لان عوايد الكتبة اولاد العرب يوضعوا ذلك في الجامع

وانه لم اخذ دراهم من احد في مصر لان الاغوات كانوا اعطوا له كفايته

وان الافندي الذي كان يروح يقري عنده يسمي مصطفي افندي وكان يقري عليه نهار الاثنين والخميس تبع العادة ولكن لم اخبره بسره خوفاً انه ينشهر

واما من قبل الاربعة مشايخ المذكورين صحيح انه كان قال لهم كل شي لانهم من اولاد بلاده ثم حقق لهم انه ناوي يغازي في سبيل الله

انسال اين كان هو حين رجع الوزير من بر مصر في ابتدى شهر جرمينال الموافق لشهر الاسلام ذو القعده

فجاوب انه كان في القدس حاجج من حين كان الوزير اخذ العريش

انسال اين شاف احمد اغا الذي يقول انه اعرض عليه مادة قتل صاري عسكر وفي اي يوم قال له ذلك

فجاوب ان حين انكسر الوزير رجع الي العريش وغزه في اواخر شهر شوال او في اوايل شهر ذو القعده الموافق الي شهر جرمينال الفرنساوي وان احمد اغا المذكور هو من جملة اغوات الوزير ولكن كان رسم عليه في غزه

من حين اخذ العريض وحين رجع ارسله الي القدس في بيت المتسلم ثم انه يوم وصوله توجه سلم عليه في بيت المتسلم وشكي له من ابراهيم باشا متسلم حلب الذي كان يظلم ابوه الذي يسمي الحاج محمد امين بياع سمن وحطوه غرامات زايده ومن الجملة واحده كبيرة قبل سفر الوزير من الشام ثم وقع في عرضه بشان ذلك

ثم انه رجع عند احمد اغا ثاني يوم وان الاغا في وقتها قال له انه محب ابراهيم باشا وانه ما يقصر ويوصيه في راحة ابوه ولكن بشرط انه يروح يقتل امير الجيوش الفرنساويه

ثم في ثالث ورابع يوم كرر عليه ايضاً هذا السوال وحالاً ارسله الي ياسين اغا في غزه لاجل يعطي له مصروفه وانه من بعد هذا الكلام باربعة ايام سافر من القدس الي الخليل وهناك قعد كام يوم وما وصله ولا مكتوب من احمد اغا واما احمد

اغا المذكور كان ارسل خدام الي غزه لاجل يخبر ياسين اغا بالذي اتفقوا عليه

انسال كام يوم قعد في الخليل

فجاوب عشرين يوم

انسال لاي سبب قعد عشرين يوم في الخليل وهل في هذه المدة ما وصلـه مكاتيب من الاثنين الاغوات

فجاوب ان السكة كانت ملانة عرب وانه خايف منهم فالتزم يستنظر سفر القافلة التي سافر برفقتها وانه وصل غزه في اواخر شهر ذو القعده الموافق الي غرة شهر فلوريال الفرنساوي

انسال ايش عمل في غزه وايش قال له ياسين اغا

فجاوب ان ثاني يوم وصوله راح شاف الاغا والمذكور قال له انه يعرف الشغل الذي هو سبب مشواره هذا وانه اسكنه في الجامع الكبير وهناك

وهناك امرار عديدة كان يروح يشوفه ليل ونهار ويتحدث معه في هذا الامر واوعده انه يرفع الغرايم عن ابوه وانه دايمًا يجعل نظره عليه في كل ما يلزمه ثم بلغه عن كل الذي كان لازم يفعله وكما شرح اعلاه وهذا صار سرًا بينهم ثم اعطي له اربعين غرش لمصروف السفر وبعد عشرة ايام سافر من غزه راكب هجين ووصل هنا بعد ستة ايام كما عرف سابق وان سفره من غزه كان في اوايل شهر ذو الحجه الموافق الي نصف شهر فلوريال الفرنساوي فبقي باين انه حين غدر صاري عسكر كان له واحد وثلاثون يوم في مدينة مصر

انسال هل يعرف الخنجر ملغمط دمّ الذي به قتل صاري عسكر

فجاوب انه يعرفه وان هذا هو بذاته الذي قتل بـه صاري عسكر

انسال من اين احضر هذا الخنجر وهل احد

من الاغوات اعطاه له ام اخذ خلافهم

فجاوب ان ما احد اعطاه له وانما بحيث انه كان قاصد قتل صاري عسكر توجه الي سوق غزه واشتري اول سلاح شافه

انسال هل ان ابراهيم اغا او ياسين اغا ما حدثوه اصل عن الوزير وعدوه ببخشيش من طرفه ان كان يقدر يقتل صاري عسكر

فجاوب لا بل ان هم ذاتهم اوعدوه انهم يساعدوه في كل ما يلزمه ان كان يخرج هذا الشي من يده

انسال هل ان الوزير نادا في تلك النواحي بقتل الفرنساويه

فجاوب انه لا يعلم بل يعرف ان الوزير كان ارسل طاهر باشا لاجل يعين الذين كانوا في مصر وانه رجع حين شاف العثملي مقبلين لبر الشام من مصر

انسال هل هو فقط الذي توكل في هذه الارساليه

فجاوب ان تخمينه هكذا لان هذا الكلام حصل سرًا ما بينه وبين الاغوات

انسال كيف كان يعمل حتي انه يعرف الاغوات بالذي فعله

فجاوب ان كان قصده يروح هو بنفسه يخبرهم ام يرسل لهم حالًا ساعي

فبعد خلاص الفحص المذكور انقرا على المتهوم وهو حرر خط يده مع المبلغ وكاتم السر والترجمان

حرر بمصر في اليوم والشهر والسنة المحررة اعلاه

امضة سليمان الحلبي بالعربي

امضة المبلغ سارتلون

امضة الترجمان براشويش

امضة كاتم السر بينه

مقابلة المتهمين مع بعضهم

نهار تاريخه ستة وعشرين من شهر بريال السنة الثامنة من انتشار الجمهور الفرنساوي انا الواضع اسمي فيه مبلغ القضاة المنقامين لشرع كل من متهوم في قتل صاري عسكر العام كلهبر احضرنا الشيخ محمد الغزي لاجل تجدد فحصه ونقابله في سليمان الحلبي قاتل صاري عسكر ولهذا كان موجود معنا السيتوين بينه كاتم سر القضاة المذكورين وصار كما يذكر ادناه

انسال الشيخ محمد الغزي هل يعرف سليمان الحلبي الموجود هاهنا

فجاوب نعم

انسال

انسال سليمان الحلبي هـل يعرف الشيخ محمد الغزي الموجود هاهنا

فجاوب نعم

انسال محمد الغزي هل ان سليمان الحلبي ما قال له من قيمة واحد وثلاثين يوم انه حضر من بر الشام من طرف احمد اغا وياسين اغا لاجل يقتل صاري عسكر العام وهل كل يوم ما حدثه في هذا الشغل حتي ان في اخر يوم قال له انه رايح الي الجيزة حتي يغدر صاري عسكر

فجاوب ان هـذا ما له اصل لكن حين شافوا بعض وقع بينهم سلام فقط ومن قبل اخر يوم الذي فيه سليمان نوي علي الرواح الي الجيزة جاب له ورق وحبر وقال له انه ما يرجع الّا غدا

فقيل له انـه ما يخبر بالصحيح لان سليمان يحقق انه اخبره بهذه السيرة كل يوم وان عشية قبل غدر صاري عسكر كان قال له انه رايح لقضي هذا الامر

فجاوب ان هذا الرجل بيكذب

انسال هل كان يروح امرار عديدة يبات عند الشيخ الشرقاوي وهل في ايام الاخيره ما راح بات عنده

فجاوب ان من حين دخول الفرنساوية ما راح ابدًا بات عنده واما قبل دخول الفرنساوي كان يبات عنده بعض امرار

فقيل له انـه ما بيحكي الصحيح لان في فحص امس قال انه كان يروح امرار عديدة يبات عند الشيخ الشرقاوي

فجاوب انه ما قال ذلك

انسال سليمان الحلبي هـل يقدر يثبت على الشيخ محمد الحاضر بانه كل يوم كان يخبره على نيتـه في قـتل صاري عسكر وخصوصًا عشية النهار الذي صباحه صار القتل

فجاوب نعم وانـه مـا قال الّا الـصحيح وان الشيخ محمد الغزي خايف يقر

فحين نظرنا ان الشيخ محمد الغزي لم كان يقر بالحق امرنا بضربه كعادة البلد فحالاً انضرب لحد انه طلب العفو واوعد انه يحكي علي كل شي فارتفع عنه الضرب وانسال هكذا

انسال هل سليمان اخبره علي ضميره في قتل صاري عسكر

فجاوب ان سليمان كان قال له انه حضر من غزه لاجل انه يغازي في سبيل الله بقتل الكفرة الفرنساويه وانه منعه عن ذلك بقوله انه يحصل له من ذلك ضرر و ما عرفه ان مراده يقدر صاري عسكر الا ليلة التي راح بها الي الجيزه وصباحها قتله

انسال لاي سبب ما حضر شكي علي سليمان المذكور

فجاوب ان ابدًا ما كان يصدق ان واحد مثل هذا يقدر علي قتل صاري عسكر الذي الوزير بذاته ما قدر عليه

انسال هل اخبر بالذي قال له عليه سليمان لاحد من المدينة وخصوصًا الي الشيخ الشرقاوي

فجاوب انــه مــا اخبر احداً بذلك وحتي اذا وضعوه تحت القتل ما يقول بذلك

انسال هل يعرف احدًا خلاف سليمان حضروا لاجل غدر الفرنساويه واين هم قاعدين

فجاوب انه ما يعرف وان سليمان ما قال له علي احد

انسال سليمان المذكور انه يشهر رفقاتــه

فجاوب انه لم يعرف احد في مصر وان تخمينه ما فيه غيره الذي قصد قتل الفرنساويه

فبعد هذا اصرفنا محمد الغزى المذكور لحبسه وابقينا سليمان لاجل نقابله في السيد احمد الوالي الذي حالاً احضرناه لاجل ذلك

انسال هل يعرف سليمان الحلبي الموجود هاهنا

فجاوب نعم

انسال

انسال ايضًا سليمان هل يعرف السيد احمد الوالي الموجود هاهنا

فجاوب هو ايضًا نعم

انسال السيد احمد الوالي هل ان سليمان ما اخبره علي نيته في قتل صاري عسكر وخصوصًا في العشية التي قصد بها التوجه لذلك

فجاوب ان سليمان حين وصل من مدة ثلاثين يوم كان قال له انه حضر حتى يغازي في الكفرة وانه نصحه عن ذلك بقوله ان هذا شي غير مناسب وما اخبره علي سيرة صاري عسكر

انسال سليمان المذكور انه يبين هل حدث احمد الوالي في قتل صاري عسكر وكام يوم له ما حدثه

فجاوب ان في اوايل وصوله قال له انه حضر بقصد الغزو في الكفار وان السيد لم رضي له بذلك ثم بعده ستة ايام اخبره علي نيته في قتل صاري عسكر ومن بعد لم عاد

حدثه بذلك وقبل الغد باربعة ايام لم كان قابله

فقيل الي السيد احمد الوالي انه ما بيصدق في قوله لانه ينكر ان سليمان ما اخبره بانه كان ناوي يقتل صاري عسكر

فجاوب الان لما فكره سليمان افتكر انه اخبره

انسال لاي سبب ما اشهر سليمان المذكور

فجاوب انه ما اشهره لسببين الاول انه كان يخمن انه يكذب والثاني ما كان مستعنيه في فعل مادة مثل هذه

انسال هل سليمان ما عرفه برفقاته وهل هو ما تحدث مع احد بذلك وخصوصًا مع شيخ الجامع الذي ملزوم يخبره بكل ما يجري

فجاوب ان سليمان ماقال له علي رفقاه وهو ما اخبر بذلك احد ولا ايضًا شيخ الجامع

انسال هل يعرف الامر الذي خرج من صاري عسكر العام بان كل من شاف عثملي في البلد يجي يخبر عنه

فجاوب انه لم دري بذلك

انسال هل سكن سليمان بالجامع لسبب انه قال له علي مراده في قتل صاري عسكر

فجاوب لا لان كل الاسلام تقدر تسكن في الجامع

انسال سليمان هل انه ما قال بانهم ما كانوا يريدوا يسكنوه لولا قال لهم علي سبب جيه لمصر

فجاوب ان كامل الغربا لازم يخبروا عن سبب حضورهم واما هو يقول الحق ان ما احد من المشايخ ارتضي علي مقصوده

فبعد هذا ارسلنا السيد احمد الوالي الي حبسه وبقي سليمان الحلبي لاجل مقابلة السيد عبد الله الغزي الذي احضرناه في الحال

انسال السيد عبد الله الغزي هل يعرف سليمان الموجود هاهنا

فجاوب نعم

انسال سليمان هل يعرف السيد عبد الله الغزي الموجود هاهنا

فجاوب نعم

انسال السيد عبد الله الغزي هل ما بلغه نية سليمان في قتل ساري عسكر

فجاوب وقر ان يوم حضور سليمان عرفه انه حضر يغازي في الكفرة وان مراده يقتل ساري عسكر وانه قصد يمنعه عن ذلك

انسال لاي سبب ما شكاه

فجاوب انه كان يظنّ ان سليمان المذكور يتوجه عند المشايخ الكبار وان المذكورين كانوا يمنعوه ولكن من الان صار يخبر بالذين يحضروا بهذه النية

انسال هل بلغ احد بهذا الامر وهل يعرف ان سليمان اخبر احدا خلافه في مصر

فجاوب ان ما عنده علم بذلك

انسال هل يعرف ان موجود بمصر ناس خلاف

خلاف سليمان متوكلين في قتل الفرنساويه

فجاوب ان ما عنده خبر وان تخمينه لم يوجد احد

فبعد ذلك اقرا هذا الفحص علي الاربعة المتهومين وهم سليمان الحلبي و محمد الغزي والسيد احمد الوالي والسيد عبد الله الغزي وسالوهم هل جواباتهم هذه صحيحة وهل ما فيها زايد ولا ناقص فاربعتهم جاوبوا لا ثم حرروا خط يدهم بالعربي معنا برفقة الاثنين التراجمين وكاتم السر

حرر بمدينة مصر في اليوم والشهر والسنة المحررة اعلاه

امضة المتهومين بالعربي *

امضة الترجمان لوماكا *

امضة ديانومر براشويش كاتم السر وترجمان صاري عسكر العام *

امضة المبلغ سارتلون *

امضة كاتم السر بينه *

بعد خلاص الفحص المشروح اعلاه ان سارتلون المبلغ سالت الاربعة المتهومين المذكورين انهم يختاروا لهم واحداً ليتكلم عنهم قدام القضاة ويحامي عنهم فالمذكورين قالوا ان لم هم عارفين لمن يختاروا فاورينا لهم الترجمان لوماكا لاجل يمشي لهم في ذلك

حرر بمصر في اليوم والشهر والسنة المحررة اعلاه

امضة سارتلون *

امضة كاتم السر بينه *

بيان فحص مصطفى افندي

نهار تاريخه ستة وعشرين شهر بريريال السنة الثامنة من انتشار الجمهور الفرنساوي اذا المبلغ سارتلون وبينه كاتم سر القضاة المنتشرين لشرع كل من كان له جرة في قتل ساري عسكر العام كلهبر احضرنا مصطفى افندي لكي نفحصه على الذي قد حصل

انسال عن اسمه وعمره ومسكنه وصنعته

فجاوب يسمي مصطفى افندي ولادة برصه في بر اناضول وعمره واحد وثمانين سنة وساكن في مصر ثم صنعته معلم كتّاب

انسال هل من مدة شهر شاف سليمان الحلبي

فجاوب ان هذا الرجـل مشدودة من مدة ثلاثة سنين وانه من مدة عشرة ام عشرين يوم حضر عنده وبـات ليلة ومن حـيث انـه رجل فقير قال له يروح يفتش علي محل غيره

انسال هل سليمان المذكور ما اخبره انه حضر من بر الشام حتي يقتل صاري عسكر العام

فجاوب لا بل حضر عنده ليسلم عليه فقط بحيث انه معلمه من قديم

انسال هل سليمان ما عرفه عن سبب حضوره لهذا الطرف وهل هو نفسه ما استخبر عن ذلك

فجاوب ان كل اجتهاده كان في انه يصرفه من عنده بحيث انه رجـل فقيـر بل ساله عـن سبب حضـوره فاخبره لاجل يتقن القراة

انسال هل يعرف بان سليمان راح عند ناس من البلد وخصوصاً عند احد من المشايخ الكبار

فجاوب انه لم يعرف شي لانه لم شافـه الّا قليـل وانه

وانه لم يقدر يخرج كثير من بيته بسبب ضعفه وكبره

انسال هل انه ما يعلم القران الي مشاديده

فجاوب نعم

انسال هل ان القران يوصي في المغازاة ويامر بقتل الكفرة

فجاوب انه بيعرف ايش هي المغازاة لان القران ينهي عنها

انسال هل يعلم مشاديده هذه الاشيا

فجاوب واحد اختيار مثله ما له دعوة في هذه الاشيا بل انه يعرف ان القران ينهي علي المغازاة وان كل من قتل كافر يكسب اجر

انسال هل علم هذا الغرض الي سليمان

فجاوب انه ما علمه الا الكتابة فقط

انسال هل عنده خبر ان امس تاريخه رجل مسلم قتل صاري عسكر الفرنساويه الذي لم هو من ملته وهل بموجب تعليم القران هذا

الـرجـل فعـل طيب ومقبول عنـد النبـي

فجاوب ان القاتل يقتل واما هـو يظنّ ان شرف الفرنساوية هو من شرف الاسلام واذا كان القران يقول غير اشيا هو ما له علته

فحالًا قدمنا سليمان المذكور وقابلناه بمصطفي افندي ثم سالناه هل شاف مصطفي افندي امرار كثيرة وهل بلغه علي نيته

فجاوب انه لم شافه سوي مرة واحدة لاجل يسلم عليه بحيث انه معلمه القديم وبما انه رجـل اختيار وضعيف قوي مـا راي مناسب يخبره عـن ضميره

انسال هل هو من ملة المغاربيين وهل ان المشايخ سمحوا له في قتل الكفار في مصر ليكسب اجر ويقبل عند النبي حمله

فجاوب انـــه فتح سيرة المعازاة فقـط الي الاربعة مشايخ الذين سماهم

انسال هل انه ما تحدث مع الشيخ الشرقاوي
فجاوب انه ما شاف هذا الشيخ لانه ما هو من ملته بسبب ان الشيخ الشرقاوي شافعي وهو حنفي
فبعد هذا قرينا علي سليمان ومصطفي افندي اقرارهم هذا فجاوبوا ان هذا الحق وما عندهم ما يزيدوا ولا ينقصوا ثم حرروا خط يدهم برفقة الترجمان ونحن
حرر بمصر في اليوم والشهر والسنة المحررة اعلاه
امضة الاثنين المتهومين بالعربي *
امضة لوما كا الترجمان *
امضة سارتلون *
امضة كاتم السر بينه *

هذه الرواية المنقولة في اليوم السابع والعشرين

من شهر بريريال السنة الثامنة من اقامة الجمهور الفرنساوي عن الوكيل سارتلون بحضور جمع القضاة المفوضين لمحاكمة قاتل صاري عسكر العام كلهبر وايضا لمحاكمة شركا القاتل المذكور

يا ايها القضاة

ان المناحة العامة والحزن العظيم الذين نحن مشتملين بهما الان يخبران بعظم الخسران الذي حصل

تحصل الآن بعسكرنا لان صاري لعسكرنا في وسط نصراته ومماجده ارتفع بغتةً من بيننا بحديد قاتل رذيل ومن يد مستاجرة من كبراه ذوي الخيانه والغيره الخبيثه والآن انا معين ومامور لاستدعا انتقام المقتول وذلك بموجب الشريعة ضد القاتل المسفور وشركاه كمثل اشنع المخلوقات لكن دعوني ولو لحظةً خالطًا فيض دموع عيني وحسراتي بدموعكم والوعاتكم التي سببتها هذا المغدا الاسيف والمكرم المنيف فقلبي احتسب جدًا احتياجه لناديه ذلك الجريه لمستحقها فوظيفتي كانها لينت في الرواية المابا وتفسيره المهيب بما هذه المصنوعة الشنيعه بوقوعها ارتكبت

سمعتم الان قراة اعلام وفحص المتهمين وباقي المكتوبات عمّا جري منهم

وقط ما ظهر سيه اظهر من هذه السيه التي انتم محاكمين بها مصنفيه الغدارين بينات الشهود واقرار القاتل وشركاه والحاصل كل شي متحد

ورامي الضيا المهيب لمناورة ذا القتل الكريه

ابي انا راوي لكم سرعة الاعمال جاهد نفسي ان ظفرت لمنع غضبي ملهم منها فليعلم بلاد الروم والدنيا بكمالها ان الوزير الاعظم سلطنة العثمانية وروسا جنود عسكرها رذلوا انفسهم حتي ارسلوا قمال معدوم العرض الي الجري ولا بحث كلهبير الذي لااستطاعوا بتقهيره وكذلك ضاموا الي عيوب مغلوبيتهم الجرم الظالم بالذي اندنسوا قبل السما والارض

تذكروا جملتكم ذيلك الثول العثمانيه الجاريين من اسلامبول ومن اقاصي ارض الروم واذاضول واصلين منذ ثلاثة شهور بصوط الوزير لتسخير وظبط بر مصر وطالبين تخليتها بموجب شروط الذين متفقينهم بذاتهم مانعوا اجراهم

وكاد ان بقيت هذه الاوردي المعدوم المروة والمغلوب بسهلات مطاريه وهليوبوليس ذهبوا تسكرارا الباديه خجالة واصواط الغيظ والياس

منشور بصفوفهم من كل جوانب

والوزير اغرق بر مصر وبر الشام بمناداته مستدعي بها قتل عام الفرنساويه

وعلي الخصوص هو عطشان لانتقامه لقتل سر عسكرهم

وفي لحظة الذي اهالي مصر مجنفين باغويات الوزير كانوا مجربين شفقات ومكارم نصيرهم وفي دقيقه الذي اسارا ومجروحين العثمليه هم مقبولين ومرعيين في ادور ضيوفنا وضعفانا تفيد الوزير بكل وجوه بتكميل السو عفارته تلوه منذ زمان طويل

واستخدم لذلك اغا مغضوب منه وواعد له اعادة لطفه وحفظه راسه الذي قد كان بالخطر ان كان يرتضا بذي الصنع الشنيع

وهذا المغوا هو احمد اغا المحبوس بغزه منذ ما ضبط العريش وذهب بالقدس بعد انهزام الوزير في اوايل شهرنا جرمينال الماضي والاغا المرقوم محبوس هنالك بدار متسلم البلد وفي ذلك

الملجا فهو مفتكر باجرا النسو الخبيث بالذي استقل

والتقدير لافهيم ولا منيعه التدبير ربما هو ها كل شي لاجرا انتقام الوزير

سليمان الحلبي شب مجنون وعمره اربع وعشرين سنه وقد كان بلا ريب مستدنس بالخطايا ظهر عند ذا الاغا يوم وصوله للقدس ويترجى صيانته لحراسة اباه تجار بحلب عن اذيات المتوالية ابراهيم باشا والي حلب

يرجع له سليمان يوم غدويه فقد كان استفتش الاغا عن احتيال اصل وفصل ذا الشب المجنون وعلم انه مستقبل بجامع بين قرا القران وانه هو الان بالقدس لزيارة وانه قد حج سابقا بالحرمين وان العته النسيكي هو منصوب في اعلا راسه المضطرب من زيغات وجهلاته بكمالة اسلامه وباعتماده ان المسما منه جهاد وتهليك الغير مومنين فهما ابها وابقى الرهون الايمان

ومن

ومن ذيك الآن ما بقا تردد احمد اغا بيان ما نوا منه فواعد له حمايته وانعامه وفي الحال ارسله الي ياسين اغا ظابط مقدار جيوش الوزيـر بغزه وبعثه بعد مقدار ايـام لمعالمته واقبضه الدراهم الملزوم له

وسليمان قد امتلا من خباثته وسلك بالطرق فمكث واحد وعشرين يوم في بـلد الخليل يجبرون منتظر فيه قبيلة لذهاب البلاديـة وكل مستعجل وصل غزه في اوايل شهرنا فلوريال الماضي

وياسين اغا مكنه بالجامع لاستحكام غيرته الجنون وتواجهه مراراً وكراراً بالنهار والليل بـين عشرة ايام مكثه بغزه يعالمه وبعد ما اعطاه اربعين غرشاً اسدياً ركبه بعقيبة الهجين بالذي وصل مصر بعد ستة ايام

وممتن بخنجر دخل باواسط شهرنا فلوريـال الي مصر التي قد سكنها سابقاً ثلاثة سنين وسكن بموجب

تربيانه بجامع الكبير ويحضر فيه للسية الذي هو مبعوث ويستدعي ربّ تعالي بالمناداة وكتب المناجاة وتعليقها بالصور مكانه بالجامع المذكور اعلاه

وبالذي تانس مع اربعة مشايخ قرا مثله القران ومثله مولودين ببر شام وسليمان اخبرهم بسبب مرسلته وكان كل ساعة معهم متوامرين به لكن ممنوعين بصعوبة ومخطرات المواجده

محمد الغزي وسيد احمد لوالي وعبد الله الغزي وعبد القادر الغزي هم معتمدين سليمان بارتهان نواه ولا عاملوا شي لممانعته او لبيانه وعن دوامة سكوتهم به صاروا مسائحين ومشتركين قبحته

القاتل هو منتظر واحد وثلاثين يوم مقداره بمصر فعقبة جرم توجهه الي جيزه وبذاك اليوم اعتمد سره الي الشيخ محمد الغزي واحد الشركا مذكورين اعلاه

وكان كل شي صار مسهل جرم القاتل

بمصنوعته الشنيعة فبيوم الغدوي طلع السر عسكر من جيزة متوجها مصر وسليمان طوال الطرق لحيقه هلقدر حتي لزم ان يطردوه مرارا مختلفا لكن هو المكار عقيب غدرا مقداه وفي اليوم الخامس وعشرين شهرنا الجاري وصل واختفا في جنينة السر عسكر وبعده بمظهره قارب السر عسكر كلتقبيل يده فالسر عسكر لا ابا عن كيافة فقره وفي حالما السر عسكر ترك له يده ضرب له سليمان بخنجره ثلاثة جروح وقصد السيتويين بروتاين الذي هو ريس المعمار وصاحب العرفا وجاهد لحماية السر عسكر لكن ما نفع جسارته فهو بذاته وقع ايضا مجروح من يد القاتل المسعور بستة جروحات وبقا لامستطيع شي

وهكذا وقع بلا صيانة هو الذي كان كل من الاماجد في الحرب ومخاطرات الغزا وهو الاول الذين مضوا برياسة عسكر الدولة الجمهور

الفرنساوي المنصور النهر الرهين وهو فتح ثانيًا بر مصر حنيك مهجوم من سحايب من العثملية

فكيف اقتدر اضم الي الوجع العميق الجمله الي دموع الاجناد الي لوعات الروسا وجميع الجنراليه اصحابه بالمجاهدة والماجده بالمناداة وموالهة العسكر انتم جميعًا نعوت والمحاسنات يستاهله وينبغو له

القاتل سليمان ما قدر يهرب مفاتشات الجيوش غضوبين له الدم ظاهر في ثيابه وخنجره واضطراب ووحشة وجهه وحاله كشفوا جرمه وهو بالذات مقر ذنبه بلسانه ومسمي شركاه وهو كادح نفسه للقتل الكريه صنع يداه وهو مستريح بجواباته للمسايل وينظر بحاضر سياسات عذابه بعين رفيه والرفاهية هي الثمر المحصول من العصمة والنقاوة فكيف تظهر بوجوه الاثيمين ومساكينهم

شركا سليمان الاثيم كانوا مرتهنين سره للقتل الذي حصل من غفلة وسكوتهم

قالوا

قالوا باطلاً ان ما صدقوا سليمان هو مستعدد بذي الاثم وقالوا باطلاً ايضاً ان لو كانوا صدقوا ذا المجنون كانوا في الحال شايعين خبائثه لكن الاعمال شهود تزوير وسوهم عمّا قابلوا العاقل وما غيروا له نيته الاّ خوفًا مهلكتهم وصميتين تهلكة غيرهم ولا هم مستعذرين وجهاً من الوجوه

لا احكي لكم شي عن مصطفى افندي بما ان لا ظهر شيًا ضد ذياك الشيب يثبت مغامرته

الشكل العذاب اللايق للمذنبين هو تحت اصطفاكم بموجب الامر من الذي انتم مامورين بعقبية المحاكمة السيين والظن ان يليق فصفوا لهم من العذابات العداوية ببلاد مصر ولكن عظمة الاثم يستدعي ان تصير اعذابه مهيب فان سالتوني اجبت ان يستحقه الخوزق وان قيل كل شي تخترق يد ذا الرجل الاثام وان هو يموت باعذابه وتبقا جسده لماكول الطيور

وبجهة المسامحين له يستحقهم الموت لكن بغير عقوبة كما قلت لكم

وبالنهت فليعلم الوزير والعثملية الظالمين تحت امره حد جزا الاثامين الذين ارتكبوا بقصد انتقامهم العدم المروة انهم عدم من عسكرنا من واحد مقدامه سبب دايمي دموعنا ولوعاتنا الابدية فاما فلا يحسبوا ولا يتاملوا باقلال جراتنا انما خليف السر عسكر المرحوم هو رجل قد شهر شجاعةً ومحبي قدماه بصفات ضمير منيره وهو مشار بالبنان لمعرفانه بتدبير الجنود والجمهور المنصور وهو يهدينا بالنصرة واما اولايك المعدومين القلب والعرض ولا احمر وجههم بانتقام انهزامهم باثم عدم اعتباره بالتواريخ لابد انهم باقيين بالرزالة لانفع لهم قدام العالم الا اكتساب خجالتهم

وعلي المبالاة حالًا كشفتها لكم اسببت مناحاتي كما ياتي بيانها

* اولًا *

ان سليمان الحلبي مثبت اثمه الكربه بقتل السر عسكر كلهبر فلهذا هو يكون مدحوض الي تحريق يده اليمنا وبتخزيقه حتي يموت فوق خازوقه وجيفته باقية فيه لماكولات الطيور

* ثانيًا *

ان الثلاثة مشايخ مسماين محمد الغزي وعبد الله الغزي واحمد الغزي يكونوا مبينين منكم شركا بهذا القتل فلذلك مدحوضين بقطع روسهم

* ثالثًا *

ان الشيخ عبد القادر الفرار يكون مدحوض بذلك العذاب

* رابعًا *

ان اجرا عذابهم تصير بعودة المجتمعين لتدفين السر عسكر المرحوم وامام العسكر والناس البلد لذاك الفعل موجودين فيه

* خامسًا *

ان مصطفي افندي تبين غير مثبوت مسامحته وهو مطلوق الي ما نوا

* سادسًا *

ان ذا الاعلام وبيناتـه من ما جرا تنطبع بخمسماية نسايخ وماول من لسان الفرنساوي بالعربي والتركي لتلزيقها بمحلات البلاد بر مصر بكمالها بموجب المامور

حرر بمصر القاهرة في اليوم السابع وعشرين من شهرنا برريال سنة ثمانية من اقامة الجمهور المنصور

ممضي سارتلون *

فتوة الخارجه

من طرف ديوان القضاة

المنتشرين بامر صاري عسكر العم منو امير الجيوش الفرنساويه في مصر لاجل يشرعوا كل من له جرة في غدر وقتل صاري عسكر العم كلهبر.

في السنه الثامنه من انتشار الجمهور الفرنساوي وفي اليوم السابع وعشرين من شهر برريال اجتمعوا في بيت صاري عسكر رينيه صاري عسكر رينيه المذكور وصاري عسكر روبين ودفتردار البحر لروا و الجنرال مارتينه والجنرال موراند وريس العسكر جوجه وريس المدافع فاور

وريس المعمار برترند والوكيل رجنيه والدفتردار سارتلون في رتبة مبلّغ والوكيل لبهر في رتبة وكيل الجهور والوكيل بينه في رتبة كاتم السر وهذا صار حكم امر صاري عسكر العام منو امير الجيوش الفرانساويه الذي صدر امس واقسام القضاه المذكورين لكي يشرعوا علي الذي قتل صاري عسكر العام كلهبر في اليوم الخامس والعشرين من شهر الجاري ولكي يحكموا عليه بمعرفتهم

ثم حين اجتمعوا القضاه المذكورين صاري عسكر رينيه الذى هو شيخهم امر بقراة الامر المذكور اعلاه الخارج من يد صاري عسكر منو ثم بعده المبلّغ قرا كامل الفحص والتفتيش الذي صدر منه في حق المتهومين وهم سليمان الحلبي والسيد عبد القادر الغزي ومحمد الغزي وعبد الله الغزي واحمد الوالي ومحمد افندي

فبعد قراة ذلك امر صاري عسكر رينيه
بحضور المتهومين المذكورين قدام القضاه
وهم من غير قيد ولا رباط بحضور وكيلهم
والابواب مفتحة قدام كامل الموجودين

فحين حضروا صاري عسكر رينيه وكامل
القضاه سالوهم جملة سولات وهذا بواسطة
الخواجه براشويش الترجمان فهم ما جاوبوا الا
بالذي كانوا قالوه حين انفحصوا

فصاري عسكر رينيه سالهم ايضًا ان كان
مرادهم يقولوا شي يناسب لتبريتهم فما جاوبوه
بشي فحالًا صاري عسكر المذكور امر برجوعهم
الي الحبس مع الغفرا عليهم

ثم ان صاري عسكر رينيه التفت الي القضاه
وسالهم ايش رايهم في عدم حديث المتهومين وامر
بخروج كامل الناس من الديوان وقفل المحل

عليهم لاجل يستشاروا بعضهم من غير ان احدًا يسمعهم

ثم انوضع اول سوال وقال سليمان الحلبي ابن اربعة وعشرين سنه وساكن بحلب متهوم بقتل صاري عسكر العام وجرح السيتوين بروتاين المهندس وهذا صار في جنينة صاري عسكر العام في خمسة وعشرين من الشهر الجاري فهل هو مذنب

فالقضاه المذكورين ردوا كل واحدًا منهم لوحده والجميع بقول واحد ان سليمان الحلبي المذكور مذنب

السوال الثاني السيد عبد القادر الغزي مقري قران في جامع الازهر ولادة غزه وساكن في مصر متهوم ان بلغه بالنسو في غدر صاري عسكر العام ولم بلغ علي ذلك وقصد الهروب فهل هو مذنب

فالقضاة

فالقضاه جاوبوا تماماً انه مذنب

ثم وضع السوال الثالث وقال محمد الغزي ابن خمسة وعشرين سنه ولادة غزه وساكن في مصر مقري قران في جامع الازهر متهوم ان بلغه بالسر في غدر صاري عسكر وان حين ذلك الغادر كان نوي الرواح لقضي فعله بلغه ايضًا وهو لم عرّف احداً بذلك فهل هو مذنب

فالقضاه جاوبوا تماماً انه مذنب

السوال الرابع عبد الله الغزي ابن ثلاثين سنه ولادة غزه و مقري قران في جامع الازهر متهوم انه كان يعرف في غدر صاري عسكر وانه لم بلغ احدًا بذلك فهل هو مذنب

فالقضاه جاوبوا تماماً انه مذنب

السوال الخامس احمد الوالي ولادة غزه مقري قران

في جامع الازهر متهوم ان عنده خبر في غدر صارى عسكر وانه لم بلغ احدًا بذلك فهل هو مذنب

فالقضاه جاوبوا تمامًا انه مذنب

السوال السادس محمد افندي ابن واحد وثمانين سنه ولادة برصه متهوم ايضًا في غدر صاري عسكر فهل هو مذنب

فالقضاه تمامًا جاوبوا لا وامروا في اطلاقه

فبعد ذلك القاضي وكيل الجمهور طلب انهم يفتوا بالموت علي المذنبين المشروحين اعلاه

فالقضاه تشاوروا مع بعضهم ليعتمدوا علي جنس عذاب لايق لموت المذنبين اعلاه ثم بدوا بقراة خامس ماده من الامر الذي اخرجه امس صارى عسكر منو بسبب ذلك والذي بموجبه اقامهم قضاه في فحص وموت كلمن كان له جره في غدر وقتل صاري عسكر العام كليبر ثم اتفقوا جميعهم ان يعاقبوا

المذنبين بعذاب من العذابات المعتاده بالبلد لاعظم المذنبين ويكون لايق للذنب الذي صدر وافتوا ان سليمان الحلبي تحرق يده اليمين وبعده يتخوزق ويبقي علي الخازوق لحين تاكل رمته الطيور وهذا يكون فوق التل الذي برا قاسم بيك ويسمي تل العقارب وبعد دفن صاري عسكر العام كلهبر وقدام كامل العسكر واهل البلد الموجودين في المشهد ثم افتوا بموت السيد عبد القادر الغزي مذنب ايضًا كما اعلاه وكل ما تحكم يده عليه يكون حلال للجمهور الفرنساوي ثم هذه الفتوه الشرعيه تكتب وتوضع فوق النبوت الذي مختص لوضع راسه وايضًا افتوا علي محمد الغزي وعبد الله الغزي واحمد الوالي ان تقطع روسهم وتوضع علي نبابيت وجسمهم يحرق بالنار وهذا يصير في المحل المعين اعلاه ويكون ذلك قدام سليمان الحلبي قبل ان يجري فيه شي

هذه الشريعه والفتوح لازم ينطبعوا باللغة التركيه والعربيه والفرنساويه ومن كل لغه قدر خمسمايــة نسخه لكي يرتسلوا ويتعلقوا في المحلات اللازمه والمبلغ يكون مشهل في هذه الفتوح

تحريراً في مدينة مصر في اليوم والشهر والسنه المحررين اعلاه ثم ان القضاه حطوا خط يـدهم باسمايهم برفقة كاتم السر

* ممضي في اصله *

امضة الوكيل رجنيه *

امضة ريس المدافع فاور *

امضة ريس المعمار برترانذ *

امضة ريس العسكر جوجه *

امضة الجنرال مورانذ *

امضة الجنرال مارتينه *

امضة دفتردار البحر لروا *

امضة صاري عسكر روبين *
امضه صاري عسكر رينيه *
امضة كاتم السر بينه *

ثم هذه الشريعه والفتوه انقرت وتفسرت على المذنبين بواسطة السيتوين لوماكا الترجمان قبل قصاصهم فهم جاوبوا ان ما عندهم شي يزيدوا ولا ينقصوا في الذي قروا فيه بالاول فحالاً قضوا امرهم في ثمانية وعشرين من شهر بريريال حكم الاتفاق وقبل نصف النهار بساعه واحده

حرر بمصر في ثمانية وعشرين بوريال السنة الثامنه من انتشار الجمهور الفرنساوي ثم ختموا باصله الدفتردار سارتلون وكاتم السر بينه

وهذه نسخه من الاصل
امضة بينه كاتم السر *